株式会社水星代表
ホテルプロデューサー
龍崎翔子

クリエイティブジャンプ

世界を3ミリ面白くする仕事術

文藝春秋

レコードのある生活を試着する／ HOTEL SHE, KYOTO

森林火災にあったオーストラリア支援のためのBOY MEETS SHE,チャリティ企画

ホテルとは
メディアである

シーシャ（水タバコ）のある宿泊体験

アイスクリームパーラーが楽しめるHOTEL SHE, KYOTO

最果ての旅のオアシス――
HOTEL SHE, KYOTO キービジュアル

水蒸気の街――
層雲峡からインスピレーションを得たリトリートプラン

土地の空気感を言語化する

インダストリアルセクシー――大きな反響を呼んだ HOTEL SHE, OSAKA キービジュアル

異質なものと
マッシュアップ

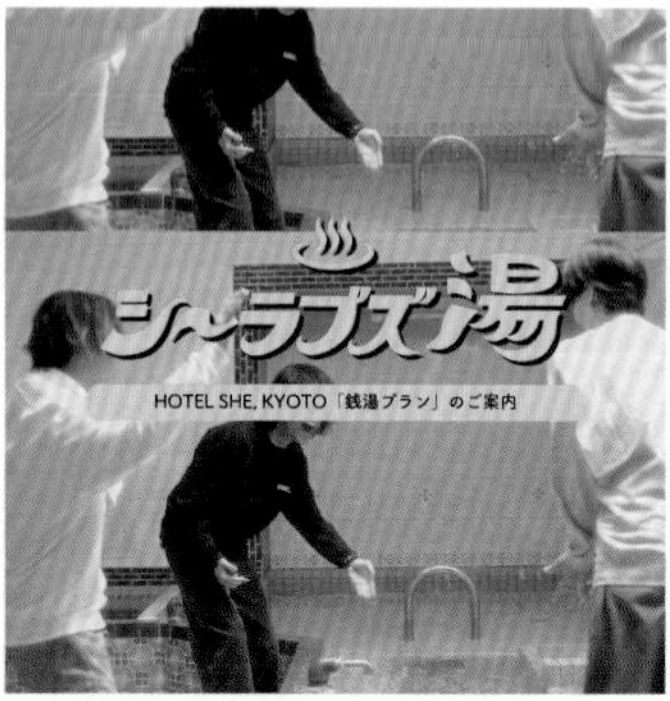

HOTEL SHE, KYOTOのご近所の銭湯と
コラボした宿泊プラン『シ〜ラブズ湯』

日本初上演「泊まれる演劇」

湯河原の旅館の起死回生策となった『原稿執筆パック』の
キービジュアル（上）と告知（左）

インサイトを探る

ホテルをクラブ化したイベント「平成ラストサマー」

異色のコラボ「詩のホテル」

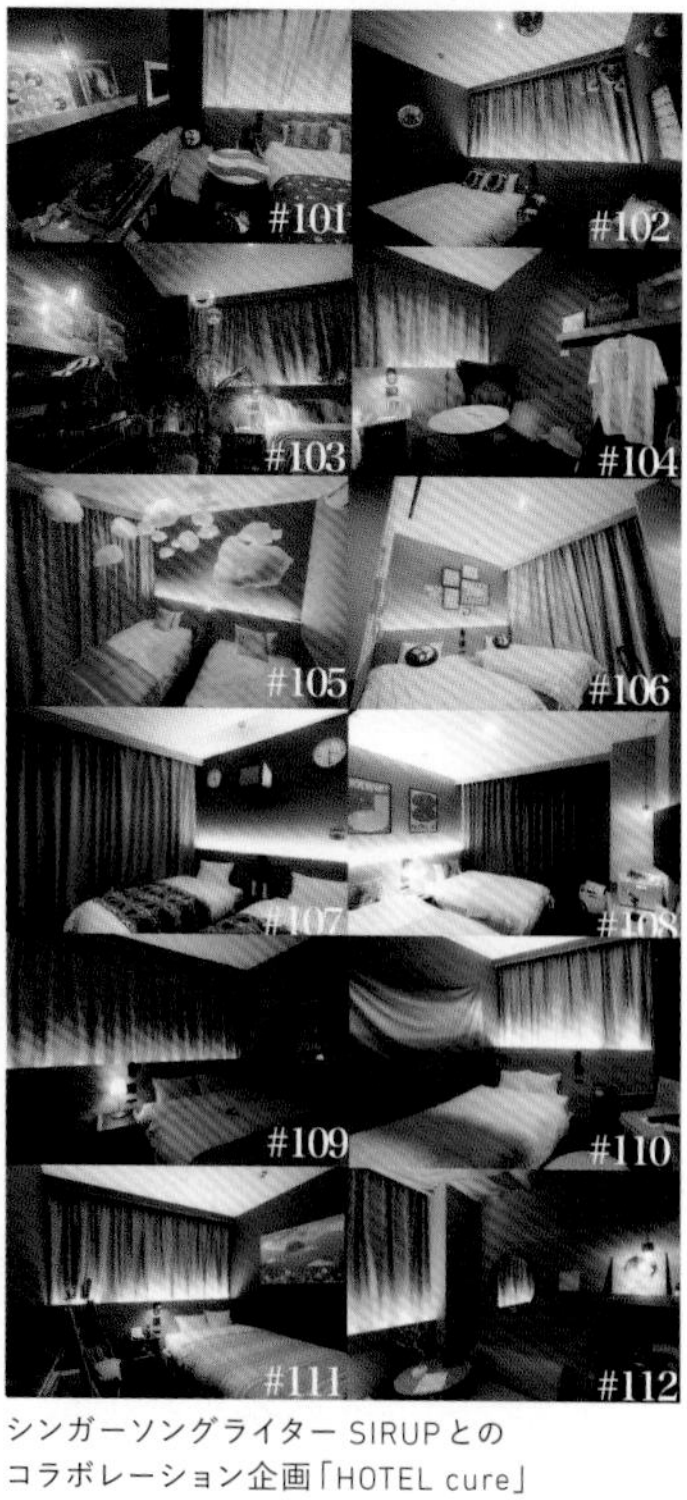

シンガーソングライター SIRUP との
コラボレーション企画「HOTEL cure」

エントランスをくぐると巨大な蒸溜器が出迎える

五感・時間・世界観
――金沢『香林居』

香林坊を一望する客室

土地の空気を丸ごと取り込んだ芳香蒸溜水を処方

アーチが美しい眞美堂ビル

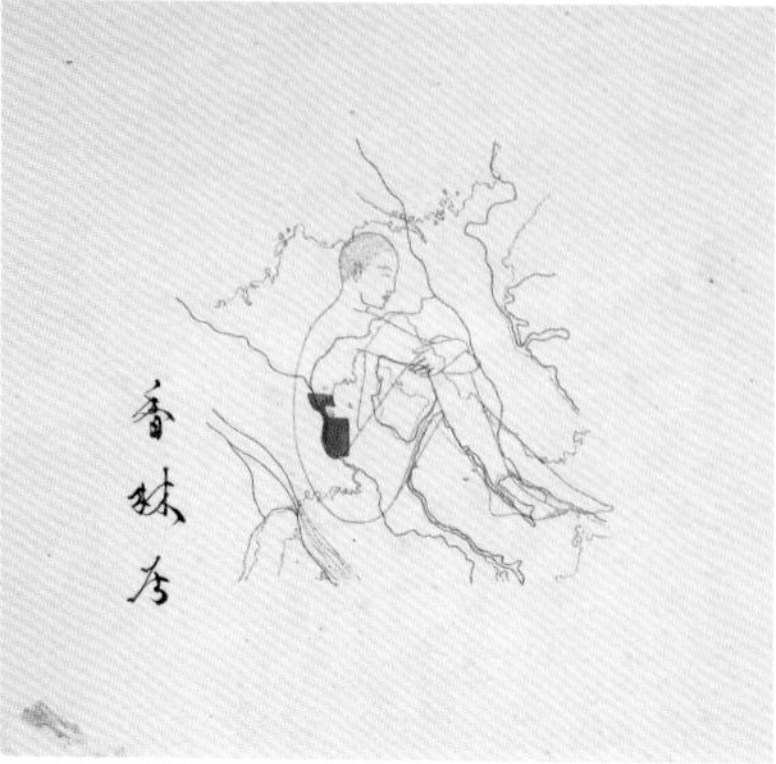

石川県小松市の錦山窯による九谷焼、
香林居オリジナルの浮世シリーズ

サウナに併設された屋上の水風呂で、
土地の空気をまるごと感じる

窓辺で外の世界を感じる
入浴体験

東洋医学の思想を受け継ぐ台湾料理

おもてなしは金木犀のお茶「桂花茶」

西武渋谷店の次世代型セレクトギフトショップ
『CHOOSEBASE SHIBUYA』

宿泊施設のための新しい自社予約サービス
『CHILLNN（チルン）』

摂食嚥下障害に対応した宿泊企画
「やわらかい旅行社」

地産地消の量り売りアメニティブランド
『Petrichor（ペトリコール）』

世界を3ミリ面白くする

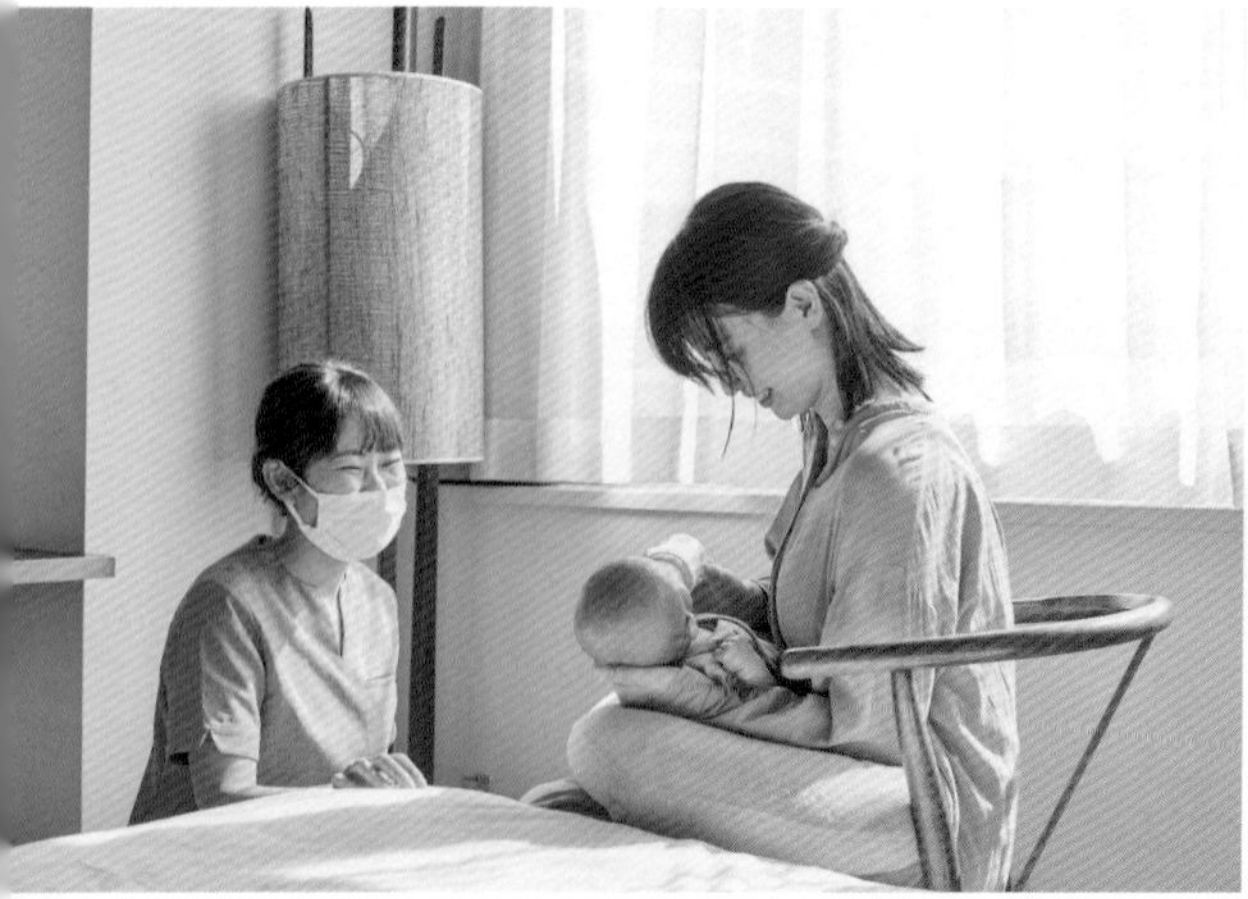

産後ケアリゾート
『HOTEL CAFUNE』

はじめに
――クリエイティブジャンプの旅へ

ビジネスの舞台裏には、いつだって無数の課題が転がっています。

いいものをつくったはずなのに、さっぱりマーケットに刺さらない。いい線までいっている企画なのに、いまいち人を魅了する何かが足りない。課題は見えているのに、突破するアイディアが思い浮かばない。誠実に事業に取り組んでいるはずなのに、なんだか思ったようにうまくいかない……。

値下げしてみる？　もっとサービスしてみる？　営業をもっと頑張ってみる？　広告を増やしてみる？　でも、本当にそれで良いのかなあ……と。

私自身、19歳で起業し、全国各地でホテルを経営する中で、そんな課題に何度もぶちあたり、悩まされてきました。事業を営む経営者や起業を志す若い世代の方など、同じような悩みを抱えている方々もたくさん目にしてきました。

仕事をしていれば誰しもが、目の前に壁が立ちふさがり、悶々《もんもん》とするような状況に直面することがあるでしょう。でも時として、**眼前高くそびえ立っていた壁を、魔法のようにふわっと軽やかに飛び越えていける**ことがあります。つい〝魔法〟という言葉を使ってしまいましたが、これは魔法でも奇跡でも偶然でもなく、ある思考回路をインストールすることで誰もが成し得る、再現性の高いメソッドなのです。

目の前の難題を突破していく不思議な力の正体――それが〝非連続な思考〟から生まれる「クリエイティブジャンプ」です。

筋道を立て、順を追いながら論理的・効率的に考える〝連続的な思考〟であるロジカルシンキングは、導かれる解がひとつに定まりやすいため、現実の市場環境においては多くの人が同じ（あるいは似たような）打ち手を採用してしまい、コモディティ化しやすく価格競争に巻き込まれ、にっちもさっちもいかず行き詰まってしまうことがままあります。

そんな時、一見飛躍しているかのように思えるアイディアや打ち手を通じて、抱えている課題をより鮮やかに解決できることがある。目の前にそびえ立つ壁に、オルタナティブな手法で風穴を開ける力、それこそがクリエイティブジャンプです。

私は、日本ではじめて〝ホテルプロデューサー〟なる職を名乗り、ホテルの概念を拡張するような、宿泊空間の可能性や新しいサービスを世の中に提示しながら、全国各地でホテルを経営してきました。ホテルの開発や運営のみならず、企業のブランディング・マーケティング支援や宿泊事業者向けのITサービス（ホテル予約プラットフォーム）の開発・運営を行うなど、**〈ホテル×クリエイティブ×テック〉の3つの領域**を横断して展開している企業として、唯一無二のポジションを築いてきたのではないかと思っています。

今や、ホテル業界の枠を超えて、地域活性化のプロジェクトから産後ケアサービスまで、さまざまな社会性の高い事業にも取り組んでいますが、実は私が東京大学在学中に起業したばかりの頃は、北海道の富良野でたった13室のペンションを経営しているに過ぎませんでした。ホテル業はおろか、ビジネスの経験すらなく、資金はわずかな銀行融資のみ。コネもノウハウもなく、身体ひとつでホテル経営に飛び込みました。

宿泊業界は、多額の初期資本が必要なため参入障壁が高く、利益率の低い事業構造です。そのうえマーケット全体がトレンドや外部環境（季節や災害）の影響を受けやすく、同業者に模倣されやすいので、常に新しい付加価値を考え続ける必要がある厳しい世界です。

そんな中で、若い世代を中心とした「カフェめぐり」ならぬ「ホテルめぐり」というカルチャームーブメントの火付け役となり、コロナ禍という未曾有の危機も乗り越え、9年で売上約9億円の企業にまで成長させることができたのは、クリエイティブジャンプの力で、進む先々でぶちあたる壁を飛び越えてきたからに他なりません。

「クリエイティブ」と聞くと、広告代理店や制作会社、マーケターの方が取り組むもののように感じられる方も多いでしょう。直感や感性といった、右脳っぽい再現性のないスキルのような印象を持つ方もいるかもしれませんが、それは少し違います。

私はこの本を、街場のビジネスパーソン——クリエイティブやデザインなどに普段は特に親しみがない業界の中で、真摯に課題に向き合って日々悩んでいる方々にこそ届けたいと思っています。

なぜなら、クリエイティブジャンプとは、目の前の逆境に屈せず、仕事をするうえでたちはだかる壁を一足飛びに越えていくための翼であり、**「持たざる者」たちが限られた手札でゲームチェンジを起こすための武器**だからです。事業のギアを上げ、思いもよらない未知の風景へと私たちを連れ出してくれる力なのです。

本書では、クリエイティブジャンプの核心が、天才の脳内ブラックボックスの中で行われる単なる直感でもなければ、謎のおしゃれ職業の人たちに伝わる企業秘密でもなく、その要素とプロセスを言語化でき、訓練によって誰しもが実践できる思考の技術であることをお伝えしていきたいと思います。

本書は全部で8つの章で構成されています。第1章では、クリエイティブジャンプについての全体像と、私が起業することになった原体験について、第2章〜6章までは、クリエイティブジャンプの5つの要素――

①本質をディグる
②空気感を言語化する
③インサイトを深掘りする
④異質なものとマッシュアップする
⑤誘い文句をデザインする

について、私自身の事業ストーリーや他社の事例などを交えつつ掘り下げていきます。また、7章、8章ではここまでの集大成として、思考を発酵させ、五感や時間といった目に見えない感覚的なものをクリエイティブに落とし込んでいく仕事術と、〝世界を3ミリ面白くする〟新しい事業の生み出し方について触れていきます。

さあ、それではクリエイティブジャンプが見せてくれる壁の向こうの風景をこの目で確かめる旅を、ともに始めていきましょう。

目次

第1章 クリエイティブジャンプとは何か
――非連続な思考が生み出す課題解決の力

第2章　本質をディグる ――アセットの再定義で価値を生む

第3章 空気感を言語化する
——世の中のムード・土地のセンスを読み解く

第4章 インサイトを深掘りする
――消費者の心理を刺しにいく

第5章 異質なものとマッシュアップする
――常識を裏切るアイディア発想法

第6章 誘い文句をデザインする
――人口に膾炙する物語の生み出し方

第7章 感覚的なものをどう宿らせるか
――五感・時間・世界観の仕立て方

第8章
ユートピアのつくり方
——クリエイティブジャンプのその先へ

クリエイティブジャンプ

世界を3ミリ面白くする仕事術

第1章

クリエイティブジャンプとは何か

――非連続な思考が生み出す課題解決の力

ひのきの棒と布の服で旅を始めよう

自分でビジネスを立ち上げたい。

新しい事業に挑戦してみたい。

自分がこの世界に生きている意味を、仕事を通じて刻みたい。

なのに――。期待と理想はどんどん膨らみながらも両手の中は空っぽで、足元はなぜかぼやけていてよく見えない。一歩を踏み出そうと思うものの、その足は夢の中にいるかのように重い。二歩目を歩き出そうとしても、どこが前でどこが後ろなのか分からない。周りを濃い霧が覆い、視界不良の中、遠くで誰かがスポットライトを浴びて笑っている姿だけがやけに鮮明に見えている……。

そんなジレンマに陥った方々の声を今まで数多く聞いてきました。起業を考えている若い世代や、すでに事業を営んでいるものの新しい領域に挑戦したいと思っている人、あるいは、かつてうまくいっていた仕事が急激に閉塞し、次の打ち手をなかなか見出せない方々からです。

新しいビジネスを前に進めるには、当然、資金も時間も人手もノウハウも必要ですが、それらをどのように調達してどう活かすかが見えない時、不安や焦燥感を抱えながら出口の見えない袋小路に迷い込んでしまうものです。

何を隠そう、私自身もかつてはそのひとりでした。自分には「あれがない、これがない、だからできない、やっても意味がない」と言い訳をしては、その場に停滞してしまっている時期もありました。

でも、今になって思うのです。**ゲームを始める時、最初から最強の剣や盾を持っているプレイヤーはいない**、と。誰しもが初めはひのきの棒と布の服で、大地を踏み締め、弱い敵を倒しながら経験値や装備を獲得してゆくもの。最初から強い装備を身につけていても、技術がなければ使いこなせません。木の棒から木の剣へ、旅人の剣へ……と少しずつ装備を強化しながら、勇者は攻撃力の高いアイテムをくり出していくのです。

それはビジネスにおいても全く同じです。今、日経平均株価に大きな影響を及ぼすような大企業も、誰しもが幼少期から慣れ親しんでいるブランドも、メディアをいつも賑わせる経営者も、みなかつては徒手空拳で立ち上がってきています。

例えば任天堂は数十年前までは花札やカードゲームを売る会社でしたし、Facebook（現・Meta）はハーバード大学内の学生のランキングサイトから、ＺＯＺＯはレコードの通信販売から事業を始め、現在の規模にまで育て上げています。みな最初から多くを手にしていたわけではありません。自分の手の中にある限られた素材を組み合わせ、価値を生み出し、目の前に立ち塞がる壁を打破してきているのです。

手元にある持ち物を組み合わせて、本来のポテンシャル以上の力を生み出す——それこそがクリエイティブジャンプの本質です。

原動力はどこからやってくるのか

起業や新規事業など、新しくビジネスを始めることは、身体的にも、精神的にも大きなエネルギーを必要とします。往々にして、その原動力は「憧れ」にあると思われがちですが、本当にそうでしょうか？

「憧れは理解から最も遠い感情である」とよく言いますが、憧れや夢は、他者（や目標）を勝手に理想化する行為で、近づけば近づくほど、理想が揺らいだ瞬間に「こんなはずじゃなかった」と、目標地点が雲散霧消してしまいがち。「憧れ」とは、動機をどこか外部化している、危ういものだと私は感じています。

私はよく、「ホテルが好きだったからホテル経営を始めたのか？」と尋ねられますが、実はそうではありません。むしろ、「ホテルが好きではなかった」からホテル経営を志したと

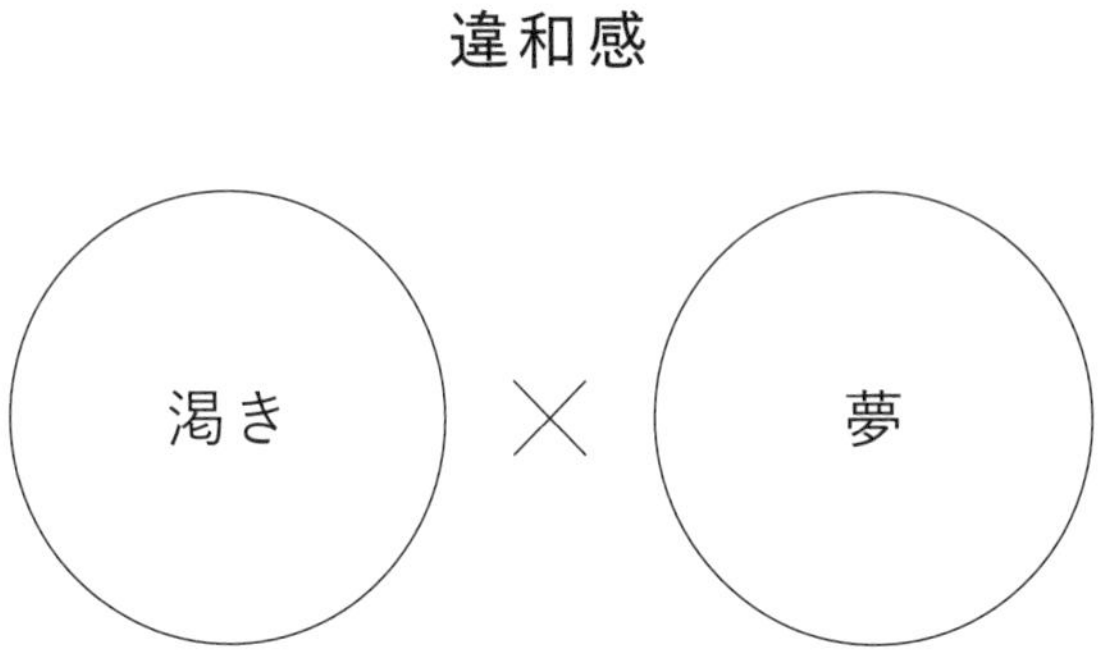

図1　ビジネスの原動力を生む〝違和感〟

言ってもいい。つまり、既存のホテルにずっと「違和感」を抱いていたからなのです。

この**違和感の正体は、自分の気持ちが満たされない「渇き」と、こうだったらいいのにと思い描く「夢」という2つの要素で成り立っており、**それこそが使命としての仕事の原動力になると私は考えています。

起業を考える若い世代の中には、「今の日本社会には課題が見当たらない（から事業アイディアが見つからない）」と言って憚《はばか》らない人もいます。確かに、現代社会では多くの人が物質的に必要なものを得ることができ、すぐさま生命の危機に直結するような「痛み」や「飢え」は少ないのかもしれません。でも、できれば解消したい、漠然とした欠乏感である「渇き」は社会の中に普遍的に存在しています。「渇き」は、緊急性が低いため、多くの人はその存在に気づいていないかもしれません。まあこんなもんだろう、どうせ何も変わらない、と受け入れて生活している場合がほとんどではないでしょうか。

他の誰も気づいていないか、問題視していないのに、自分だけが感じる渇きが生まれた時、それは自分でしか満たすことのできない固有の課題です。そんな渇きを前に、「理想的にはこうであったらいいのに」という「夢」が立ち上がる時、その違和感から、取り組むべき使命が生まれるのです。

別におおげさなものでなく、ささやかなものでいい。自分の過去を振り返ってみて「何に強い渇きを感じたのか」「どうやって潤したいと夢見たのか」を探り当てておくことが、いつか強い動機付けとなって、現実を変える行動力になることを知っておいてほしいのです。

もしもそんな原体験、自分にはないぞという方は、この先の人生で出会えばいい。

これからの話の解像度を上げるために、クリエイティブジャンプとは何かという本題に入る前に、私自身の原体験と起業初期の頃のストーリーをしばしお伝えしていきたいと思います。

アメリカ横断旅行で見つけた「渇き」と「夢」

これを言うとよく驚かれるのですが、私がホテル経営を始めようと思った原点は、幼少期に遡《さかのぼ》ります。

私は東京の西の外れに生まれ育ち、8歳の頃は研究職に就いていた両親の仕事の関係で、家族で半年ほどアメリカのピッツバーグに暮らしていました。日本に戻る前の1ヶ月間、最後の思い出づくりに「アメリカ横断ドライブをしよう」となったのが事の発端でした。東海岸からルート66を経て西海岸のサンフランシスコに抜ける〝アメリカ大陸横断旅行〟という甘美な響きに子供心に胸を期待で膨らませていました。そう、実際に車に乗り込むまでは。

アメリカに行かれたことがある方ならご存知かと思いますが、アメリカの国土はとてつもなく広い。一度車に乗り込んだら最後、数時間、あるいは十数時間車から降りられないことも日常茶飯事です。父が運転し、母が地図を読み、私は後部座席に寝っ転がりながら窓の外を流れる景色を眺めるだけの日々――幼かった私は、毎日のドライブに死ぬほど退屈してしまったのです。

とにかく車を降りたくて仕方ない小学2年生にとっての唯一の楽しみは、一日の最終目的地であるホテルだけ。「今日泊まるホテルはどんなところなんだろう?」という期待感が高まるものの、いざホテルに着いて客室のドアを開けた先には、昨日のホテルとも同じ、一昨日のホテルとも同じ、なんなら日本で泊まったことのあるホテルとも変わらないような、凡庸ないつもの光景が広がっていたのです。

広大なアメリカは、土地によってまとっている空気感も滲《にじ》み出る文化も大きく異なります。にもかかわらず、南部でも中西部でも沿岸部でも、都市でも郊外でも、ホテルの中の景色はデジャヴのように既視感のあるものが目の前に現れ続ける。わずかな希望を抱きながら祈るように客室のドアを開けるたびに、淡い期待を打ち砕かれる日々は、子供心にも満たされない強烈な「渇き」を植えつけられる体験でした。

せっかく街ごとに異なる景色や文化があるのに、どうしてホテルはどこも同じなんだろう?

もちろん、ホテル業界の成り立ちを考えれば、サービスのばらつきを抑え、同じレイアウト、同じ内装でどこに行っても自宅に帰ったようにくつろげるhome away from homeの安心感が求められている、ということは理解できます。でも、私が求めていたのは平凡なくつろぎなどではなく、旅という非日常やその土地の空気感を肌身に鮮烈に感じさせる演出装置としてのホテルだったのです。期待に膨らませた胸が幾度となくしぼむ夜が続くにつれて、自分が求めているホテルはどこにもないのかもしれない……と思い始めました。

そんな折、旅の途中で家族でラスベガスを訪れた時のこと。テーマホテル群で著名な都市なだけあり、中庭で本物のフラミンゴを飼育している「ザ・フラミンゴ・ラスベガス」、噴水ショーで有名な「ベラッジオ」、古代エジプトのピラミッドやスフィンクスを模した「ルクソール ホテル&カジノ」、ジェットコースターのある遊園地が併設された「サーカスサーカス」と、それぞれ唯一無二の世界観を持つ、個性的なホテルがそこにはひしめき合っていました。

それらのホテルはひたすら夢のように素晴らしく、館内を散歩するだけでも発見と驚きに満ち溢れ、ホテル一つひとつが独自の世界観を持ち、ゲストの宿泊体験をユニークにするための工夫が随所に凝らされていました。それまで毎晩泊まっていた没個性なホテルが味のしない乾パンをひたすら食べ続けるような感覚だったとすれば、ラスベガスのホテル群は口の中でパチパチと弾ける甘酸っぱいコットンキャンディのような、刺激と甘美さを兼ね備えた空間のように感じられさえしました。

ホテルが表現する世界観の中に没入して、五感を委ねてしまうような宿泊体験——。

もちろんラスベガスのホテル群が、もちろん砂漠のど真ん中にある虚構で塗り固められた場所であることは子供にも分かります。

でも、純粋に、こんなホテルがもっとあってもいいんじゃないか、と思ったのです。それは、豪華絢爛《けんらん》さや奇想天外さに惹かれたというよりは、**〝ホテルってこんなに自由な存在だったんだ〟という発見であり、感動でした。**ホテルはサーカスの舞台にだって、ピラミッドや動物園になることだってできるんだ！　と。

ホテルの持つ無限の可能性は、まだ世の中の誰にも見出されていないばかりか、見向きもされていない、ということに気づいた瞬間でした。

ホテル経営との邂逅《かいこう》

アメリカで暮らしていたのは小学2年生の頃だったので、当時は「ホテルを経営する」という人生の選択肢があることを想像だにしていませんでした。職業としての具体的な思いを描き始めたのは、日本に帰国してからしばらく経った、小学5年生の頃のこと。

当時愛読していた本のひとつが、児童書の『ズッコケ三人組』シリーズで、全50巻あるうちの一冊、『ズッコケ三人組 ハワイに行く』という回が、私の人生を変えるターニングポイントになりました。

ハチベエ、ハカセ、モーちゃんの仲良し3人組が、風船ガムの懸賞に当たり、子供たちだけで3泊5日のハワイ旅行ツアーに出かけ、例によって旅先でさまざまなトラブルに巻き込まれてしまうというおきまりのストーリーなのですが、そんな3人を助けてくれる存在としてハワイに暮らす日系移民のホテル経営者のおじいさんが登場します。この人物が物語に登場した瞬間、「あ、私が本当にやりたいのはホテル経営なんだ」と直感しました。

それまではホテルの仕事というと、フロントマンやコンシェルジュなど、ゲストとして接することができる職業しか想像できていなかったのが、この本で初めて、世の中に「ホテル経営」という仕事があることを知ったわけです。自らの意思で理想のホテルを生み出し、事業を営むことができるのなら、幼少期から抱き続けてきた渇きを満たすことができるんじゃないか、と。

その日から、私の将来の夢はホテル経営者になりました。とはいっても、ホテル経営者になるにはどうしたらいいか、さっぱり分かりません。当然周囲にはホテル経営者どころか会社経営者すらいないですし、小学校の図書館に置いてあった『13歳のハローワーク』をめくってみても、ホテル経営者という職業はどこにも記載がなく、インターネットで検索しても欲しい情報は出てきません。

周りの大人を捕まえてホテル経営者になる方法を尋ねてみても、「スイスにあるホテリエ養成学校に行って学ぶのがいい」「まずは大手のホテル運営会社に就職してみてはどうか」「ホテル経営学を学べるアメリカのコーネル大学に行くべきだ」「ホテル経営者は不動産経営から事業を始めている人が多いらしい」など、アドバイスはてんでんバラバラ。

私の父にいたっては「まず外資系投資銀行に就職して5年くらい働いて資金をつくり、それを元手に事業を始めるのがいい」と小学生相手になかなか渋いアドバイスをしてくるので、当時の私は意図が全く理解できず、途方に暮れてしまいました。

ただ、そうした周りのアドバイスを聞いて、唯一分かったことがありました。それは、ホテル経営者になるのに正攻法などはないということ。

良くも悪くも、資格なり学位なり就職先なり、**ホテル経営者になるための王道ルートはどこにもなく、自らの力で道を切り開くところから始めなければならない。**

自分の足腰で歩みを進めていくことができるルートを見つけるためには、自分よりも優秀な人と交わり、自身の視座を高く、視野を広くすることでしか実現し得ないのだろう。それなら、きっと自分なんかよりも遥かに頭が良くて、尖っていて、面白くて、情報感度の高い人が集まる場所——東京大学に進学しよう、そう心に決めたのです。

「バカとブスこそ東大に行け！」と阿部寛がドラマ『ドラゴン桜』でギャルとヤンキーを

叱咤激励する声が頭の中でこだましていました。

〝意識高い系〟の呪い

それから8年後、猛勉強の末にたどり着いた東大は、思ったより窮屈な場所でした。中高生時代を過ごしていた京都と比べて東京はあまりに混雑していて、行き交う人々の欲望と思惑が剝き出しで、なんだか居心地が悪い場所のように感じられました。

ある時までは、「大学卒業後に海外MBAでも取ってどこかに就職してから独立したらいいかな」と悠長な将来設計を描いていたのですが、高校3年生だった2013年に東京オリンピックの開催が決定。ストレートに行けば大学の卒業は2018年になる予定だったので、そこから動き出してもビッグウェーブに乗り遅れてしまいます。

院進とか就職とか気の長いこと言ってられる場合ではなく、学生のうちに起業しようと決意したはいいものの、いざ受験勉強から解放されて自由に自分の時間を使えるようになると、改めて「ホテル経営ってどうやって始めたらいいん?」という初歩的な難題に直面することになったのです。

学費と生活費をすべて自分で稼ぎ出すために週6でアルバイトをしたものの、その稼げなさに絶望し、自分で事業を興さなくては埒《らち》が明かないと考え、赤ちゃん用のおむつを香港に輸出しようとしたり、メイドカフェを併設しているドラッグストアのインバウンド戦略を手伝って海外の旅行代理店に営業に行ったりもしました。しかし、自分の実力が至らず、いずれもうまく事業として形にできませんでした。

いつしか、ホテルを経営したいと思っていることを人前で口にしなくなっていました。高校の頃までは、「将来は起業してホテル経営すんねん」と言うと、ポジティブな反応が返ってきていたのですが、大学では「意識高くていいね（笑）」とか「じゃあ君は今、その目標のために具体的にどんな努力しているのか説明して」「女の子は夢を追いかけられるからいいよね」といったシニカルな言葉を投げかけられることが増えたせいもあるのかもしれません。

時代は、〝意識高い系〟という言葉に蝕《むしば》まれていました。自分が幼少期から向き合い続けてきた課題意識、ひたむきに目指してきた目標地点が、よく知らない人の、誰かの受け売りの言葉によって土足で踏み荒らされる。そしてそんな他人の言葉を一笑に付せるだけの実力も実績もない自分自身が何より腹立たしくてもどかしい。いつしか、「意識が高い」というまなざしを他者から向けられることに怯えるようになり、世界が急速に輝きを失い、色褪せていきました。

物心ついてからずっと「ホテルを経営する」というのが自分という人間を貫く背骨のようになっていた私にとって、自分なんかに価値はない、ホテル経営はできないと、腐り切ってしまった日々はきついものでした。東北沢《ひがしきたざわ》のワンルームのアパートから駒場キャンパスまで自転車を漕いでいる道すがら、訳も分からず涙がポロポロこぼれてしまう。自暴自棄になってアルバイトも辞め、毎日友達の家に入り浸っては自堕落に遊んで過ごしていたのです。

「スモールスタートでいこう」

どん底まで落ちていた私に、光明が差し込んできたのは、あるWeb記事がきっかけでした。

ひとつは、Backpackers' Japanというゲストハウスを運営している企業を取材した記事。それまでは簡素な安宿といったイメージが強かったゲストハウスに、上質な空間設計とコミュニティデザインを導入し、のちのゲストハウスブームの先駆けとなった会社です。「フリーター仲間4人で1000万円を貯めてゲストハウスを開業」と語るキャッチーな見出しに思わず目を奪われました。ホテルといえば、不動産会社や何らかの事業会社など、ある程度の資本ありきで始めるものだという先入観が刷り込まれていたのですが、フリーターでも開業できるなら、しがない大学生の私でもどうにか開業することができるのではないかと、ふと思い始めました。

もうひとつは、Airbnbの日本上陸を知らせる記事でした。空いている部屋と宿を探している観光客をマッチングするプラットフォームとして今でこそ広く普及しているサービスですが、当時は日本ではまだほとんど誰も知らない、画期的な仕組みでした。

それまでの私は、ホテルといえばそれこそトランプタワーのようなガラス張りの巨大な高層ビル建築の中に豪華絢爛なロビーに宴会場やレストラン、たくさんの客室があるものをイメージしていたのですが、部屋ひとつ、ベッドひとつあって、ゲストが安心して夜を明かすことができれば、それはもうホテルと言えるのだ、と気づかされたのです。

この2本の記事は、それまでの私のホテル観をぶち壊し、まさにコペルニクス的転回をもたらしました。いきなり大きなことを手掛けるのではなく、**自分の身の丈で手触りを感じながら取り組めるくらいに、小さく始めれば良いのだ**、と。一気に何かを成し遂げようと欲張るのではなく、小さな雪玉を少しずつ転がしていけば、いつしか大きな雪玉になるように、スモールスタートでいこう、と決心したのです。

試される大地、北海道

２０１４年のクリスマスの夜、当時18歳だった私は、母と共に雪の降る北海道・富良野の地に降り立っていました。

目をつけたのは、中古で売りに出ている保養所やペンション。不動産売買サイトを眺めるのが趣味だったこともあり、地方では経営の担い手がいなくなった宿泊施設がちょくちょく後継者を募集していることにかねてから気づいていました。

当時ひとり暮らしをしていた東京や、実家のある京都、大阪は、日本を代表する観光地で、ホテルを運営するには申し分のない街ではあるものの、いかんせん地価が高く、手持ちの資産もキャッシュもあまりない私たちが、事業を興すにはどうにも手が届きません。

そんなある日、インターネットの大海原を回遊している時に、北海道・富良野にある小さな赤い屋根のペンションの情報がふと目に止まりました。スキー場のそばに立つ築30年の木造ペンション。オーナー夫妻の高齢化に伴い、事業承継をしたい、とそこには記載されていました。

北海道といえば、日本の観光魅力度ランキングでは、東京・京都・大阪・沖縄と並び立つ上位常連県。さらに調べてみると、北海道のほとんどの場所は夏か冬のワンシーズンしかないにもかかわらず、富良野に限っては、ラベンダー畑が賑わう夏と、スキー客が世界中から訪れる冬の2シーズンがあることも分かりました。探し求めていたのはここだ、と感じ、すぐさま問い合わせてアポを取り、北海道へと旅立ったのです。

何度も話し合いを重ねた結果、オーナー夫妻にペンションを譲ってもらえることが決まり、母を共同経営者として地元の金融機関から融資を受け、ひとおもいに大学に休学届を提出したのは翌年の2月のこと。

地元の工務店に依頼して限られた予算の中でリノベーションを施しつつ、北海道での生活に備えて教習所に通い、ホテルのオペレーションについて学ぶために渋谷のデザイナーズホテルでアルバイトに励み、なんとか5月にペンションを開業することができたのです。

開業からしばらくは、閑散期だったこともあり、ずっと閑古鳥が鳴いていました。5月のある晩のこと、静まりかえったペンションのラウンジに腰掛けながら、ふととんでもないことを始めてしまったのではないかと猛烈な不安に襲われたことをはっきりと覚えています。

Facebookを開けば友達はみな無事に進級し、サークルにインターンに恋愛に励んでいるというのに、私ときたら意識高い系と揶揄《やゆ》されることに怯え、ほとんど誰にも事情を話すことなく突如東京から蒸発し、世間を憚りながら北海道で小さなペンションを経営しようとしている。

このホテル経営がうまくいくかどうかなんて、まだ誰にも分からない。手元にあるのは、地元の金融機関から借りたわずかばかりの運転資金の他に、たった13室の古びた木造2階建てのペンション、そして企業勤めの経験すらない素人の母娘2人。

資金もない、スタッフもいない、お客さんも来ない、知識や経験やノウハウもない。そんな中でこれからホテルを運営し、会社を育てていかないといけないなんて……!

解決しなければならない課題が山積みになり、どん詰まりになっている状況を、どうにか知恵を絞って打破するしかない。そんなないないない尽くしのどん底の出発点が私の起業ことはじめだった、というわけです。

クリエイティブジャンプとは課題解決である

いよいよここからは、そんなしびれる状況を打開していくクリエイティブジャンプとは何かについて、概要をお伝えしていきたいと思います。

「クリエイティブ」という言葉は一般に、独創的・創造的であることやそうした表現やデザイン、あるいは広告・マーケティング業界においては制作物を指すこともありますが、本書ではそれにとどまらず、ビジネスそのものに大きな変化をもたらす独創性の高い企画や事業アイディアをも含んでいます。

第2章以降の各論では、クリエイティブジャンプの要素を分解しながら、それぞれにまつわる私の事業ストーリーと共に解説していきます。

長い間悩んでいたことに、ある日素晴らしいアイディアが舞い降りてくる。そんな経験は誰しもあるのではないでしょうか。それが日常の些細なことであれ、事業の悩みを解決するものであれ、そんな瞬間が訪れるのは気持ちいいものですよね（私はこの快感を「脳汁が出る」とよく表現しています）。

こうした、「閃《ひらめ》い」たり「インスピレーションが湧いてくる」状況と、「クリエイティブジャンプ」は似ていますが、実は少しニュアンスが違います。前者は思考がスパークする瞬間そのものを指しているのに対し、「クリエイティブジャンプ」は、非連続な思考（「閃き」や「インスピレーション」など）から生まれるアイディアによって、連続的な思考ではたどり着けなかった成果を得ることまでをも含んでいます。

つまり、**クリエイティブジャンプは、「閃き」や「インスピレーション」のみならず、課**

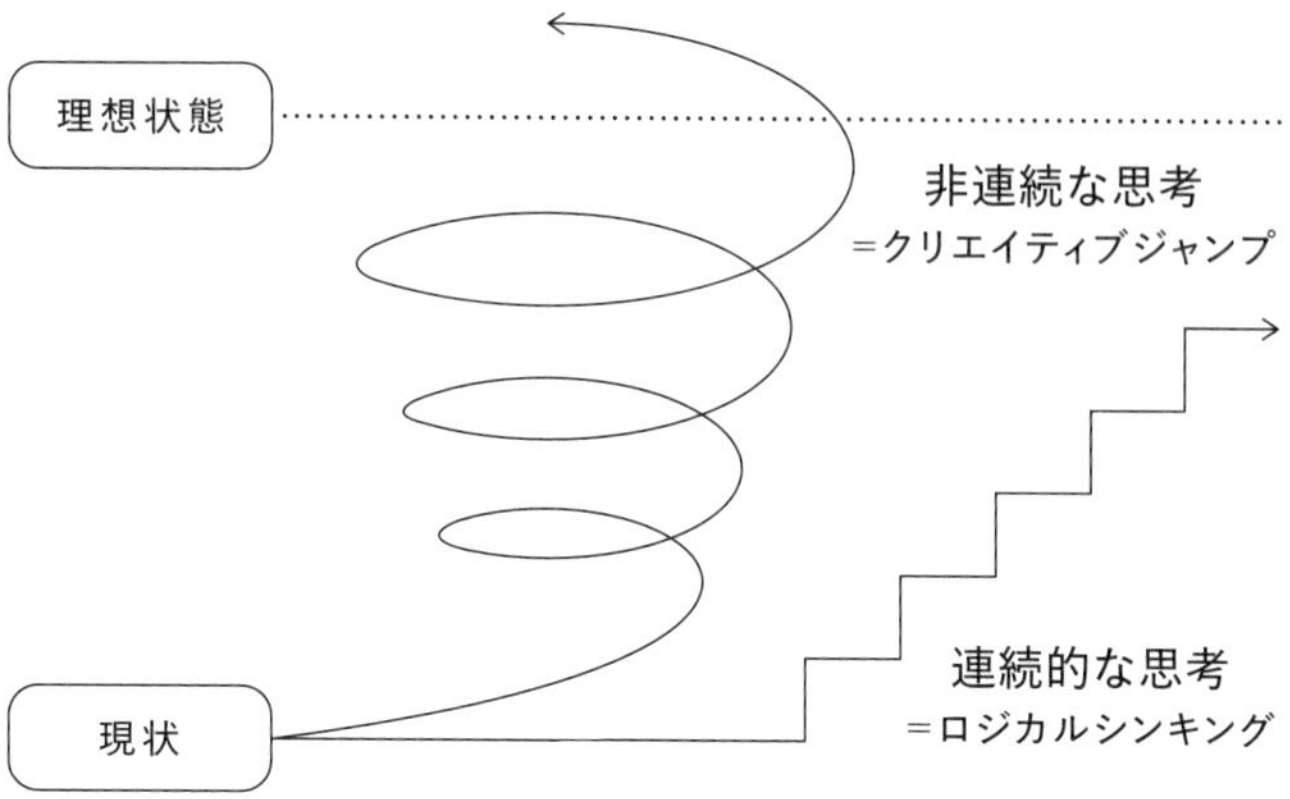

非連続な思考は、複数の要素をらせん運動のように
行き来しながら、一気に理想へ至る

図2　クリエイティブジャンプとロジカルシンキングの違い

題解決へと導くアイディアを実装するニュアンスも帯びているのです。クリエイティブジャンプは、現状と理想状態にギャップがあり、ロジカルシンキング（連続的な思考）によって導かれる打ち手だけではその差を埋められない時に、非連続な思考によってその差を飛躍的に埋め、理想状態を実現させること、ともいえます。

分かりやすい事例を紹介しましょう。

1948年、中小企業のひしめく大阪・布施で寿司屋を営んでいた白石大将は悩んでいました。当時の寿司屋といえば、高級料理店の代名詞で、店内には「時価」と書かれたお品書きが並び、「お代はいくらだろう、お金足りるかな」と緊張しながら寿司を注文するのが普通で、庶民には近寄り難いところがある場所でした。

そんな中、大将は明朗会計を売りに、1皿20円の寿司屋を開業したところ、これが大ヒットします。ところが大繁盛したことでひっきりなしに注文が飛び交い、今度は寿司職人が足りなくなってしまい、お店はてんてこ舞いに。また、お客さんが行列になっているにもかかわらず、職人が足りないことで握り待ちの時間ができてしまい、回転率も低下。〝いらち〟の大阪人たちのスピード感覚についていけなくなってしまうと、今度は客足に影響が出てしまいます。

このジレンマをどうしたらいいんだろうか、と悩んでいたある日、商店街の仲間との旅行でビール工場見学に行ったのが大きな転機になります。ベルトコンベアの上をビール瓶が流れ、次々とビールが注がれる様子を見た大将は、これを寿司屋でも転用できないかと閃き、10年もの歳月をかけて**回転寿司の原型となる「コンベア旋回式食事台」**を開発したのです。

この旋回食事台という画期的なアイディアにより、次のような経営課題を一足飛びに大きく改善できました。

・客席数の増加：店に入るお客さんの数を増やせる
・回転数の向上：お客さんの滞在時間が短くなる
・人件費の削減：寿司職人の数を減らすことができる
・満足度の向上：お客さんは入店して直ぐに、好きなペースで食事ができる

この発明は、それまで寿司屋が持っていた高級志向のイメージを刷新し、ファストフード業界の革命的な商品と呼ばれるまでに成長しました。実際、その近未来的な食事体験は『人工衛星 廻る寿司』と銘打たれ、１９７０年には大阪万博にも出店し、動く歩道やモノレールなどの自動化ブームに乗って大きな注目を浴び、海外展開も果たしました。今日に至っては、お寿司といえば「回る」か「回らないか」と寿司そのものの概念を二分する存在にまで世の中に浸透しています。

よくよく考えてみると、ベルトコンベアの上をお寿司が回っているなんて、実にクレイジーな発想です。いわゆる連続的な思考（＝ロジカルシンキング）では、当時大将が抱えていた課題に対して、従業員の雇用を増やしたり、提供スピードを上げられるよう研修を強化したり、分業体制を取り入れるなどして対処したことでしょう。

しかし、正攻法の打ち手をやり尽くしても太刀打ちできないようなどん詰まりの状態で

は、**非連続な思考（今回のケースでは「工場のようにベルトコンベアの上に寿司を乗せて回す」という一見突拍子もないアイディア）によって、抱えていたさまざまな課題を一気通貫で解決し、飛躍的な成長を遂げる**ことがある。

この一連の動きが、クリエイティブジャンプです。

クリエイティブジャンプの5つの要素

もちろん、この回転寿司の事例は非常にうまくいったケースといえるでしょう。当然、ビジネスでいつでも手っ取り早く成果を出すことができる必勝法はありませんが、「多勝法」はあります。どんなプロ野球選手でも百発百中でヒットを打つことはできませんが、バッターボックスに立つ回数を増やし、打率を高めれば、自ずと成績はついてきます。

クリエイティブという領域は、感性、直感といった右脳的な営みに見えて敬遠されやすかったり、その性質上、思考回路を言語化しにくい部分もありますが、私は、そこに一定の方程式があると考えています。特にビジネスにおいて、非連続な思考によって生み出される、事業上の課題を突破する打ち手には、打率の高いセオリーがあります。

クリエイティブジャンプは、次の5つの要素で成り立っていると私は分析しています。

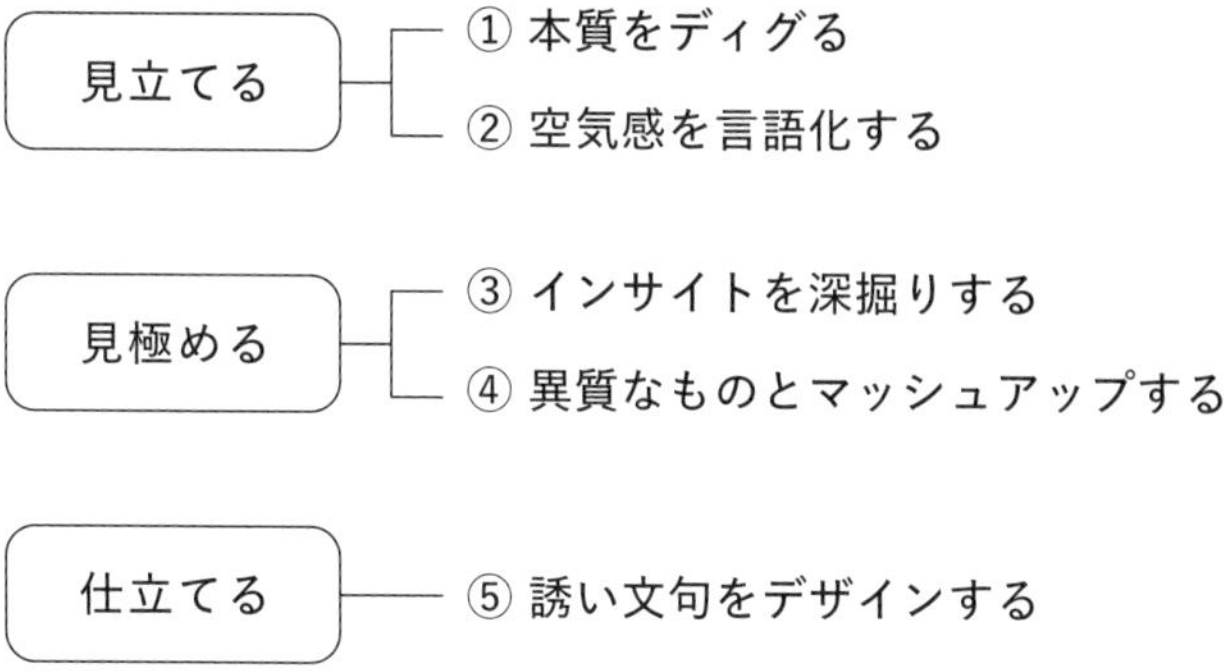

図3　クリエイティブジャンプの5つの要素

①本質をディグる——アセットの再定義
②空気感を言語化する——文脈の理解
③インサイトを深掘りする——顧客心理の観察
④異質なものとマッシュアップする——アイディアの交配
⑤誘い文句をデザインする——UGCを生む仕掛け

これら5つの要素は、ある程度時系列に沿ってはいるものの、マニュアル的に順を追って一つひとつ処理していくものではなく、重層的に重なり合い、相互に行き来しながら全ての歯車が嚙み合った時に初めて爆発力を生み出します。

クリエイティブジャンプが生じる際、それを生み出した人がそのプロセスをなかなか言語化できないのは、ロジカルシンキングのように演繹《えんえき》的に順を追って検討が進められているのではなく、この複数の要素が脳内で同時進行でごった煮になりながら高速回転しているからでしょう。それゆえ、極めて感覚的、あるいは直感的な営みに見えるのですが、このプロセスはひとつずつ要素を分解して説明することができます。

①本質をディグる――アセットの再定義

まず全ての最初に、自分が軸足をおいているアセット（資産・資源）が何なのかをよく知ることが大事です。孫子も「彼を知り己を知れば百戦殆《あやう》からず」と言っているように、敵（社会情勢や競合企業など）を知るのと同じくらい、自分が何を持っているかを理解し、己の取るべき戦略や手段を炙り出していきます。

この時のポイントは、自分が持っているアセットを真正面から捉えるのではなく、何か他の定義に読み替えることができないか、という視点で眺めてみること。そうして**既存の概念から離れて「見立て」をしてみることで、アセットの新たな価値**や、事業やドメイン（事業領域）のポテンシャルも見えやすくなってきます。

例えば、ホテルの場合、一般的な定義は「旅先の寝床」といったところでしょうか。でも、いくら「寝床」としての価値を掘り下げたところで、「快適に過ごせるようにする」とか「寝具に投資する」といった手垢のついたコンセプトや施策が思い浮かぶばかりで、ホテルの存在意義そのものを新たに提案することは難しくなってしまいます。

しかし、広い視野からホテルを再定義してみるとどうでしょうか。例えば、ホテルは観光案内所などと同じく「旅のセーブポイント」と見立てることもできますし、クラブや漫画喫茶などのように「オールナイトで過ごせる箱」と解釈することもできます。あるいは、病院や保育園などの仲間で「人が人をケアする場所」と捉えることもできるかもしれません。

ちょっと目線を変えるだけで、自分が持っているアセットの余白が一気に広がるような気がしませんか？

一度染みついた固定観念からなかなかすぐに離れられるものではありませんが、まず自分が軸足にしているものの前提を疑い、再解釈・再定義してみることで、新しいまなざしを獲得することができます。

②空気感を言語化する――文脈の理解

世の中がまとっている空気感を理解することも重要なプロセスのひとつです。なぜなら、優れたクリエイティブとは、社会とのコミュニケーションであり、つくり手の意思表明であるからです。**人々がどんな時代を生き、どんな空気を感じとっているのか、そんな人々にどんなメッセージを伝えてどんな気分になってほしいのか。**そんな世間に漂っている、目には見えないムード（mood）を踏まえて思考することが必要不可欠です。

そのためのキーワードは、**「比較」と「相対化」**。ただそこにあるもの単体では、その個性を見出すことはできません。他者と比較することで、違いが浮き彫りになり、それを手がかりに個性を発見することができるのです。

昨今「他人と比較をせず、一人ひとりの個性を大事にしよう」とよく言われますが、むしろ個性は比較し、相対化することで初めて発見されるのではないでしょうか。

それは、世の中の空気感を読み解く時でも同じです。「今の時代の雰囲気は？」と突然尋ねられた時、さっと的確な答えが思い浮かぶ人はあまりいないかもしれません。ですがバブル期だったり、ゼロ年代などと比較、相対化することでその違いが浮き彫りになり、背景にある時代の移り変わりを言語化できるようになるのです。

同じように、地域の空気感を読み解く時、「この街の個性は？」という問いには漠然とした回答をすることしかできません。より広い視野で捉え、他の街との比較をすることで、その地域に固有の強みとなる特色を発見することができるようになっていきます。

こうした「目に見えない」曖昧で漠然とした空気感や気配を、言語化し、取り扱えるようにすることで、世の中の気分に感応するコミュニケーションが可能になるのです。

③インサイトを深掘りする——顧客心理の観察

アセットの再定義、そして空気感の言語化というういわば下ごしらえができたら、いよいよ核心に迫っていきます。自分たちの事業がどのような課題を抱えていて、誰をターゲットにするべきかのアタリをつけ、**ターゲットとなる方々が「思わず動いてしまいたくなる」心の中のツボがどこにあるのかを探る**のです。この「人々の無意識下にある、消費行動を刺激するスイッチ」のことをインサイトといいます。

普段の生活を振り返ってみて、ショッピング中に棚から取った商品をカゴの中に放り込む時、「なぜその商品を選んだのか」を論理的に説明できるでしょうか？　おそらく、明確な理由はあまりなく「以前使ったことがあるから」とか「なんとなく良いと思って」選んでいることがほとんどでしょう。人の意識構造はよく氷山に例えられますが、自分自身で認識できている部分（＝顕在意識）はほんのごく一部しかなく、95％は、自分自身でもうまく説明することができない無意識（＝潜在意識）によって成り立っていると言われています。

しかし、人の行動を突き動かすのもまた無意識なのです。ですから、人が「思わず動いてしまう」「思わず買ってしまう」状況をつくり出すには、ターゲットを研究観察することを通じて深く理解し、自らの言葉では表現することができない、**無意識下にある行動や欲求のツボ**（**＝インサイト**）**が一体何なのかを仮説とともに探っていく**ことが重要になってきます。ここで導き出したインサイトはあくまでもひとつの仮説に過ぎませんが、この洞察が引き金となって突破力のあるアウトプットにつながっていきます。

④異質なものとマッシュアップする——アイディアの交配

ターゲットのインサイトをつかんだら、その隠れた願望を満たすアイディアを考えます。アイディアといっても、天才的に奇想天外なことを思いつかないといけないわけではありません。

世の中にあるアイディアのほとんどは、実は掛け合わせでできています。パンと和菓子を掛け合わせて生まれたあんぱんや、のりとメモから生まれたポスト・イット、時計と携帯を組み合わせたスマートウォッチなど、枚挙にいとまがありません。

事業の渋い局面を打開していくアイディアの多くも、掛け合わせ〈**定数×変数**〉**でできています。**ここでいう〈定数〉とは、自分が軸足をおいている事業のことを指します。私の場合なら「ホテル」です。

〔変数〕とは掛け合わせてみる要素を指します。ここに何が入るかは、誰も分かりません。脳内で当てずっぽうに当てはめてみたり、やっぱり違うなあと取り出してみたりのくりかえしです。時計を見かけては〔ホテル×時計〕で何か思いつかないかなと考えたり、薬を飲んでは〔ホテル×薬〕で何か捻《ひね》り出そうとしてみたり。パソコンの前でじっくり考えるのではなく、生活のシーンの中でランダムに当てはめてみることで、意外性のある組み合わせやアイディアを思いつきやすくなります。

⑤誘い文句をデザインする――ＵＧＣを生む仕掛け

お客さんのインサイトを読み解き、素晴らしいアイディアを思いついたとしても、それらを多くの方に知ってもらい、話題にされ、利用してもらわないと、ただの机上の空論になってしまいます。

ＰＲ戦略というと、よく「ＳＮＳの発信を強化しなくては」と考えられる方が多く、私もよく相談を受けるのですが、結論から言うと、**考えるべきは「どう発信するか」ではなく「どう発信してもらうか」**です。

今の世の中には星の数ほどコンテンツがあり、各メディアでしのぎを削っている優れたコンテンツメーカーがたくさんいます。彼らに引けを取らないほど面白く話題になるコンテンツをつくることは、不可能ではありませんが、事業の片手間で取り組むにはどうしても限界があります。

そこで考えるべきは、自分がどう発信するかではなく、お客さんや周りの方にどう発信してもらうか。つまり**ＵＧＣ（User Generated Contents＝利用者が生み出すコンテンツ）が生まれやすい環境をどう整え、どうパッケージとして実装するか**、ということなのです。

お客さんが思わず、「この間こんなホテルに行ってね、こんな素敵な体験ができて〜」とお酒の席で思わず友人に教えたくなるような、人から人へ膾炙《かいしゃ》していくキラーフレーズをどのように設計するか。私はこのことを「誘い文句をデザインする」と呼んでいます。どうすればお客さんが思わず人に伝えたくなるのか、そこから逆算してアイディアをブラッシュアップさせていくのです。

アセットを再定義し、時代の空気を感じ取り、お客さんの深層心理を理解し、アイディアを掛け合わせ、思わず話題にしたくなる環境をつくる。これらの５つの要素の歯車がピタリと噛み合った時、直面している激渋な状況を晴れやかに打開するような、規格外の事業変化を生み出すことができるのです。

「持たざる者」の武器としてのクリエイティブジャンプ

冒頭で、ひのきの棒と布の服で旅を始めよう、という話をしました。私が富良野でペンションを始めたばかりの頃、予算も経験もなく、設備も人員も限られている中で、なんとかお客さんに愛される宿をつくりあげないといけなかったように、ビジネスで挑戦を続ける限り、万全の装備で旅に出られることは滅多にありません。傷んだひのきの棒を片手に、つぎはぎだらけの布の服を身にまとい、厳しい状況の中を暗中模索しながら、前に進んでいかなくてはならないのです。

予算がない。経験がない。立地が悪い。人がいない。景気が悪い。いつだって、諦める理由は戦い続ける理由より多くあります。でも、どんなにあがいたって、ないものはないですし、ないものねだりをしたって現状は変わらない。たとえどんなにショボかったとしても、配られた手札をキラーカードに変えていくしかありません。

そんな持たざる者たちがゲームチェンジを生み出していくためのとっておきの武器が、クリエイティブジャンプなのだと思います。むしろ手持ちのわずかなカードをかけあわせて研ぎ澄ませたほうが強くなれる可能性すらある。そして、それは往々にして、とんでもない爆発力を持って目の前に立ちはだかる壁をぶち壊して、新しい世界を見せてくれるのです。

私自身、右も左も分からない中でホテル経営を始め、激しくマーケットに翻弄され、疲弊し、行き詰まりを感じていた中で、クリエイティブジャンプの力に助けられ、幾度となく、壁の向こうの新しい景色に出会ってきました。

私は、クリエイターでもなければ、アーティストでもありません。経営者としてもまだまだ未熟ですし、企業規模も発展途上ではあります。でも、私がこれまでぶつかってきた壁を突破させ、めくるめく風景を見せてくれたクリエイティブジャンプの力を、言語化し、体系化したいと思います。そして、壁の向こうの景色を、ぜひみなさんも自分の目で見て確かめてほしい。

そんな思いとともに、次章から、クリエイティブジャンプの5つの要素を実践的にお伝えしていきたいと思います。

COLUMN

起業のリスクヘッジ

「10代で起業するなんて、ずいぶんリスキーだね」「起業にあたって、市場調査とかかなりやったの？」とよく質問されてきました。起業におけるリスクヘッジについて私の考えを述べておきたいと思います。

「起業するためには積極的にリスクを取るべきだ」という提言をよく耳にしますが、個人的にはあまり賛成できません。むしろ、**「いかにリスクを取らずに済むか」を冷静に設計する**ことが必須だと思います。

私がゼロベースのホテル開業ではなく、事業承継を選んだのもその考えに基づいています。事業承継であれば、過去数年の収支状況を前オーナーさんの税理士に開示してもらうことができます。さらに北海道の観光統計などより多くの情報を分析したうえで、改修工事やサービス改善を通じて単価や集客の向上を期待できると判断して事業を始めることができたのは大きなアドバンテージでした。

とはいえ、正直なところ、調査をしすぎるとかえって踏み出せなくなるのも事実です。マーケティング調査はあくまで調査であり、仮説を補強する材料を集めることしかできません。それよりは、**最低限の情報を調べたうえで、自分がリスクを許容できる範囲内でスモールスタートし、その実証実験を通じて得られた情報や経験を踏まえて、軌道修正の判断を重ねていく**ほうが良いでしょう。

〝走りながら考える〟ことが、スタートアップ時の大原則です。ただし、無謀であってはいけない。

私の場合、物件を購入しているため、一見大きなリスクを冒しているように見えますが、居抜き物件のため毎年のおよその売上水準が見えていたうえ、その見込みが外れた場合でも不動産を売却したり、賃貸に出したりすることが選択肢にありました。また、それが叶わなくとも、大学を卒業・就職して自分のサラリーからローンを返済することもできる範囲で融資を受けていました。

背水の陣で取り組むのではなく、二重、三重と保険をかけ、万が一の事態に陥っても対処する術があり、いい勉強になったと捉えられるくらいの傷口で済むように最初から事業を設計しておくことが不可欠です。そうした心理的な余裕を確保してこそ、余計なことに心を惑わされることなく事業に専念し、良い意思決定ができるのだと思っています。

第2章

本質をディグる

――アセットの再定義で価値を生む

事業の本質をディグる

クリエイティブジャンプの第一歩は、自分が取り組んでいる事業の本質をディグることから始まります。

ディグるとは、dig（＝掘る）という英単語に由来する、「探す、掘り起こす、発見する」という意味のスラングです。元々はＤＪがレコードショップで音源を探す際に使用していた言葉で、心に決まっている具体的な何かを探し出すというよりかは、茫《ぼう》としたレコードの山の中から、果たしてその場にあるのかも分からない何かを、時に胸を高鳴らせながら、ピンと来るものに巡り合うまであてどなく探し続ける、といったニュアンスを帯びています。

レコードをディグる時、実際に選曲することになる一曲にたどり着くことそのものよりも、大量の音源に触れ、知識や経験を蓄え、表現の可能性を広げることに遥かに大きな意味があります。それと同じように、事業の本質をディグる時もまた、どこかに潜んでいるであろう唯一解を見つけ出そうとするのではなく、無限にも思えるさまざまな可能性に出会っていく終わりなき冒険の過程そのものに何よりも意味があるのです。

事業が色々と行き詰まって膠着状態に陥ってしまっている時、今までと同じ戦法を続けていても現状を打開することはできません。まずは、「〇〇とはこういうもの」という、固定観念を疑ったうえで、その本質が何なのかをディグっていくことが課題解決の突破口となっていきます。

アセットを再定義する

本質を見出そうとする時、そこには真理のような唯一解があるのではありません。それは、レコードの山をディグる時によく似ていて、パーティで選曲したいナイスな音源をいくつも見繕っていく中で、時に「これを探してた!」と確信する一曲に巡り合うように、さまざまな可能性を探っていくつもの「本質」に出会う中で、自分にとって「これぞ」と思える解にたどり着くこともある。そんないくつもの正解が許容される曖昧さのある営みこそが、本質発見であり、「アセットの再定義」です。

アセットとは、一般的には所有している事業や資産などを指しますが、ここでは自分が軸足をおいているドメイン（事業領域）全般をもアセットと呼んでいます。有形の資産のみならず、技術や知識といった無形の資産もそこには含まれてきます。

本質をディグる中でアセットを再定義できることもあるし、アセットを再定義するプロセスの中で、思わぬ本質に出会えることもある。本質のディグとアセットの再定義は円環のように相互を行き来し合う関係が成り立っています。無限に開かれた可能性を掘り下げていく中で、「この曲きたわ!」と思えるような瞬間に立ちあうことができたならこの上なく尊いことですし、仮にお眼鏡に適《かな》うものが見つからなかったとしても、レコードの山から宝探しをしていると思えば、知的好奇心を満たしながら自分の引き出しを増やしていく、楽しくも価値ある営みなのです。

ホテルを例にご説明しましょう。

私が小学生の頃、将来はホテル経営をしたいと周りの大人に話したら、「ホテルなんてただの寝床。斜陽産業だよ。ビジネスホテルやカプセルホテルも低価格競争になっているからやめたほうがいい」と言われたことがありました。今思うと、子供相手に容赦ないなと思うのですが、これは当時の日本の経済状況を踏まえるとあまりにも正論で、返す言葉もありませんでした。

その忖度《そんたく》のないダメ出しはある意味図星で、「寝床としてのホテル」を漫然と経営しているようでは決して勝てない、ということをその後の経営人生で何度も突きつけられることになります。

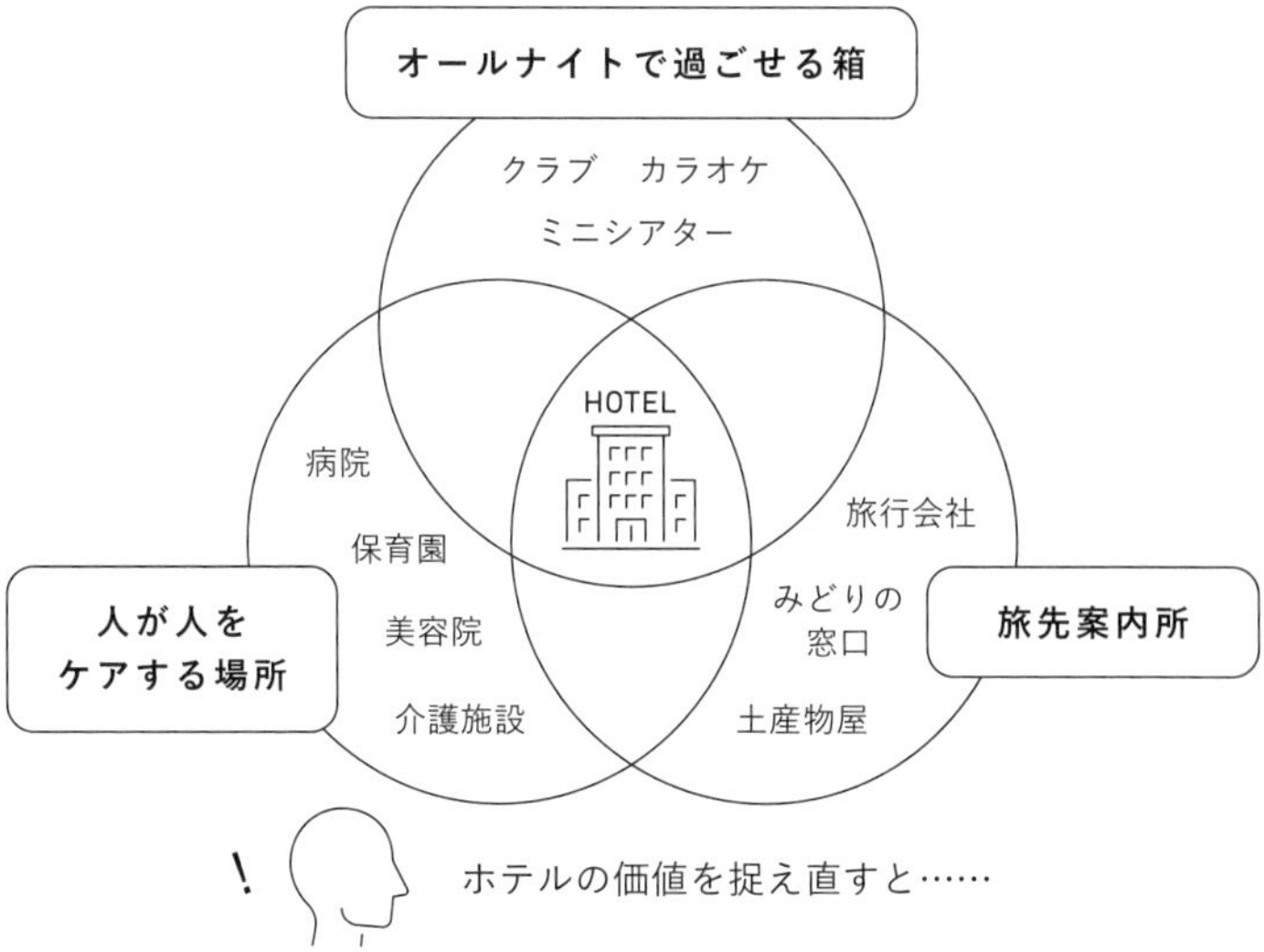

図4　アセットの再定義

固定観念
ホテルとは旅先の寝床である

世の中のホテル経営者の多くが、「ホテルは旅先で寝泊まりする場所だ」と考えて経営しているので、結果としてのアウトプットは自ずと似たり寄ったりになります。そこにとどまれば、競合と同じターゲットに対して同じような戦略を取ることになるでしょう。経営資源が潤沢にあれば、それでも勝ち抜けるのかもしれませんが、「持たざる」事業者は、人と同じ施策では先行者たちを勝ち越せません。

では、どうすればいいのか。

ここで、ホテルの本質は「旅先の寝床」だけなのだろうかと、前提を疑うのです。例えばホテルを「自宅以外で人と過ごせる場所」と再定義すれば、飲食店や自宅のような場として捉え直すことができます。そうすると、「実家」の代わりとして正月に親族一同で過ごすこともできれば、「友達の家」の代わりとしてだらだらポテチをつまみながらビンジウォッチング（ドラマの一気見）をすることもできますし、「レストラン」の代わりに記念日や誕生日を祝うこともできる、と気づくことができるわけです。このように、ホテルの本質をディグり、価値を読み替えるだけで、本来想定していたお客さん（旅行客）以外の潜在顧客に向けて、既存のホテルとは異なる価値を提供することができ、新しい市場を生み出すことができるようになるのです。

4つのアプローチ法

では、膨大に広がるあらゆる可能性の中から、本質をディグるためには、どのような道筋を進んでいけばいいのでしょうか。ここから、アセットを再定義するメソッドをお伝えしたいと思います。これには絶対的なセオリーがあるわけではなく、事業に真摯に取り組む中で得られた気づきから発想することが基本ですが、次の4つのアプローチを踏まえることで、面白い着眼点により出会いやすくなるでしょう。

①そもそも法

まず、**アセットがそもそもどんな要素から成り立っているのか「因数分解」**すると、そのポテンシャルがクリアに見えてきます。特徴的なことから枝葉の部分まで、思いつくものをブレーンストーミング的に書き出してみるのです。

例えば「図書館」なら、こんなふうにその特性を因数分解できます。

本がたくさんある、新聞・雑誌もある、地域の郷土史が揃っている、建物という箱がある、スペースがある、アクセスしやすい、無料で利用できる、老若男女が集まる、子供が利用しやすい、司書がいる、資料探しの相談ができる、地域コミュニティの拠点になる、勉強できる、時間がつぶせる……。

パッと思いつくだけでも、これだけの多彩な要素から成り立っていることが分かります。すると、「図書館は無料で本を読める場である」といった一般的な定義から、「図書館とは地域の人に情報発信できる場である」とか「図書館は地域の一大データベースである」といった再定義ができたりします。

岩手県の紫波町《しわちょう》オガールプロジェクトは、年間１００万人の人々が訪れる循環型の街づくりの成功例として有名ですが、そこでは図書館を農業支援の場としても積極活用しています。農業関係の本を充実させることはもちろん、直売所の地図を置いたり、農家さんに対して農業のあらゆる疑問が解決できる場として注目を集めました。

従来の図書館のイメージを超えて、「図書館は農業支援の場である」という新たな価値が生まれた好例です。

②謎かけ法

大喜利の定番の言葉遊びで、「○○とかけて××と解きます。その心は――」という「謎かけ」があります。この形式を踏まえて、**軸足とするアセットと近しい「仲間」を探し、その共通点を言語化する**と、新しい定義を見つけやすくなります。

実例を交えてご紹介しましょう。

ある時、私がクラブで夜遊びしていると、ふとホテルとクラブは似ているな、と直感しました。一見、似ても似つかないもの同士ですが、どちらも夜通し過ごすことができる場所です。

「ホテルとかけてクラブと解きます。その心は――〈オールナイトで過ごせる箱〉」

というわけです。そこから、『平成ラストサマー』という、ホテル空間を使って一晩中踊り明かす、特別なオールナイトイベントが生まれました。

またある時、病院とホテルはよく似ているな、と気がつきました。いずれもベッドがあって、そこでゲストや患者が一日を過ごしている、という意味では近いものがありますね。ホテルスタッフがゲストにおもてなしをするのと、医療関係者が患者さんの世話をするのも非常に構造が似ています。つまり、

「ホテルとかけて病院と解きます。その心は――〈人が人をケアする場所〉」

という意外な共通点が見えてきます。「ケアの場」としてホテルを再定義したことで、後述する産後ケアリゾートという、ありそうでなかった宿泊施設が誕生したのです。

ここで大切なのは、アセットを再定義するにあたって、なにも「正解」が決まっているわけではないということ。以前、オードリーの若林正恭さんがあるバラエティ番組で、「大喜利は答えじゃなくて心持ち」と語っていましたが、まさしくその通りです。「正解」の答えにたどり着いていることよりも、新たな定義を見つけようと自問自答するマインドセットを持っていること自体に価値があるのです。

このように、自身の持っているアセットを、一見関係なさそうに見えるものと隠れた共

通点を探していくことで、異なる分野に応用できるようになります。この考え方を一般に、**「アナロジー思考」**といいます。続く③、④のアプローチもこの思考法の延長にあります。

③顧客ウォッチング法

ユーザーの行動をよく観察してみると、あるアセットをめぐって本来想定していなかった、あるいは明確に認識していなかった用途で利用していることに気づくことがあります。

こんな話があります。自動車の価値といえば、通常は交通手段としての「移動できる」ということが筆頭に上がるでしょう。しかし、あるカーシェアリングの会社が自社データを分析していると、車を借りているにもかかわらず全く移動をしていないユーザーが半数近くにものぼることに気がつきました。

不思議に思い、ユーザーインタビューを行ってみると、予想だにしなかったカーシェアの用途を次々と知ることとなります。ある人は、オンライン会議に参加するため、「音を出してもいい空間」を確保するためにカーシェアを利用していました。またある人は昼寝をするため、つまり「横になって睡眠を取れる場所」として利用していました。あるいは、授乳をしたりおむつを替えたり、「視線が気にならないプライベートな空間」として使う人もいたのです。

自動車は「移動できる」ことのみならず、「プライベートな空間であること」「音が気にならない空間であること」「横になれること」など、複合的・多面的な現代的価値を持っていたわけです。こうした観点から車の価値を再定義すると、若者たちの車離れ、国内販売数の低迷という課題に対して、とるべき戦略もアピールすべきターゲットも全く違う施策が生まれてくるのではないでしょうか。

さまざまな事業課題にかんして、自社サービスを利用している顧客の行動をじっくり観察したりヒアリングしたりすることで、言語化できていなかったアセットの価値を発見しやすくなるのです。

④シティハンティング法

今度は逆に、現時点では自分たちのサービスやプロダクトを利用してくれていない、でも本当は利用してほしいと思っている**潜在顧客がどこにいて何を消費しているのかを、街に繰り出し探す**ことで、自分たちが担うべき価値を発見する方法もあります。

横浜DeNAベイスターズは、かつては赤字続きの弱小球団でしたが、今や日本で最も売上が高い球団となっています。その秘密は、観客が倍増したチケット売上のみならず、飲食売上に力を入れる戦略を採用したことにあります。

2011年にDeNAが球団の経営権を引き継いだ時点で、チームの低迷から、毎年25億円の赤字が続いている状態でした。改革を迫られた経営陣は、新たな打ち手を見つけるために、試合が行われる時間帯に、本来球場に足を運んでほしい潜在顧客の方々がどこで何をしているのかを街に出て調べたといいます。

その結果突き止めたのは、潜在顧客は居酒屋にいる、ということでした。そこで、野球場を「野球観戦をするところ」ではなく「人々が集まるエンタメ施設」に見立て、居酒屋に行くような方々をターゲットに、「野球を見ながら友達とワイワイお酒を飲める場所」として球場をリブランディングしたのです。

野球スタジアム　とは　居酒屋　である

球団オリジナルのクラフトビールやバーベキューを楽しんだりしながら野球が見られる〝ながら観戦〟という新しい体験は人気を博し、横浜スタジアムは野球ファンのみならず広く市民に愛される場所として生まれ変わりました。

こんな事例もあります。誰もが一度は食べたことがあるであろう森永製菓のロングセラー商品「ラムネ」。この定番のお菓子が近年、突如ブレイクを果たし、売上を伸ばし続け

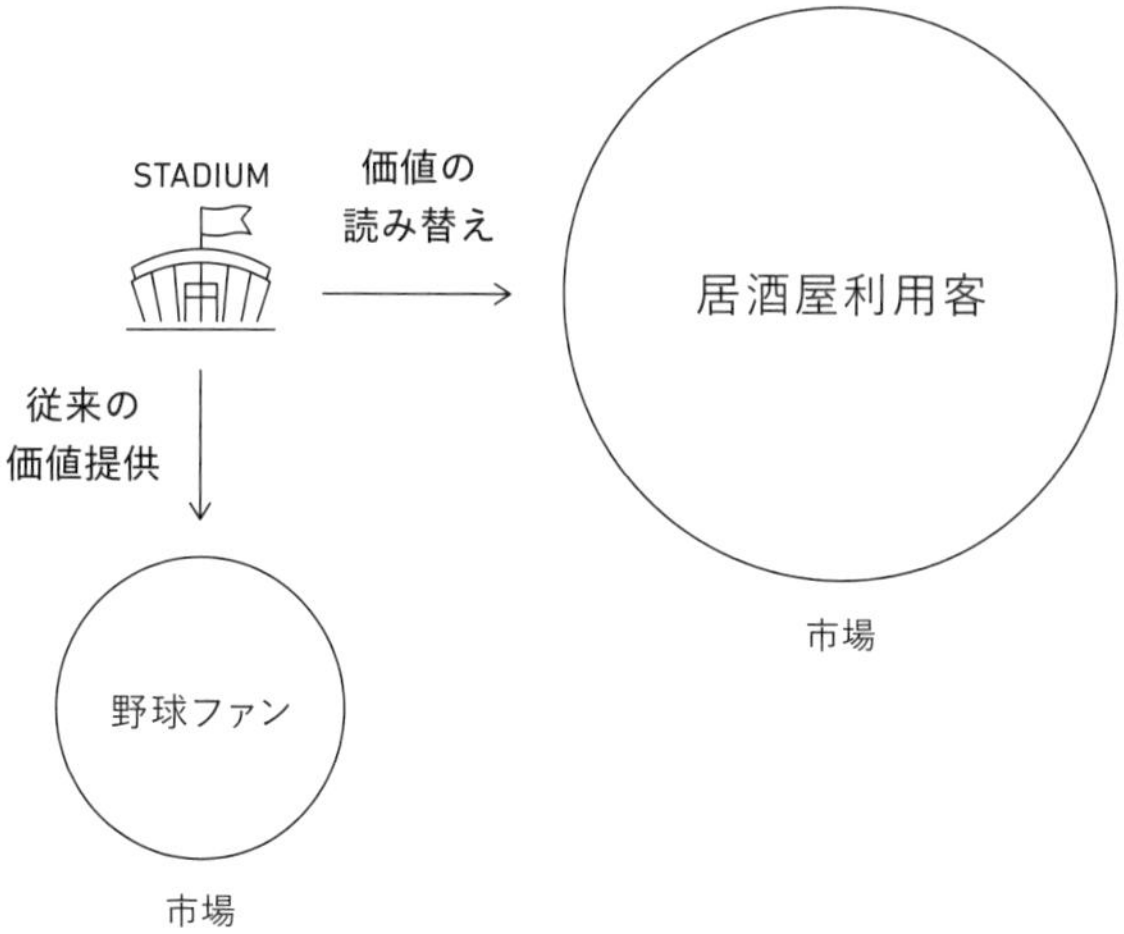

図5　アセットの再定義で別のマーケットの潜在顧客を掘り起こせる

ていることの背景には、実は本来の顧客層である『子供』やその親である「30〜40代の主婦」ではなく、40代のビジネスパーソンに狙いを定めたことにあります。

ラムネ特有のシュワシュワとした爽快感は、砂糖やショ糖ではなくブドウ糖によってもたらされているのですが、これが二日酔い対策や、集中力を高めることに効果があることに着目。少子化によって縮小する子供向け市場ではなく、ビジネスシーンに活路を見出し、大人向け商品としてパウチ型の「大粒ラムネ」を開発し、1・8倍の売上増を実現したのです。

ラムネ は 健康食品 である

このように、**ターゲットにしたいペルソナ（顧客像）の人がどこで何をしているのかを街に出て読み解き、そのニーズに寄せに行く、**というのも効果的な再定義法です。

自分の抱えるアセットの本質を発見し、既存のイメージにない再定義を行うこと。それが事業にゲームチェンジをもたらす下地となります。

アセットの本質は、会議室やパソコンの前で考え込んでいてもなかなか見えてくるものではありません。事業に真摯に取り組みながら、常に新しい価値を定義することができないか、繰り返し試行錯誤するマインドセットを持つことが大切です。

私たちもまた、そうやって走りながら考え、得られた気づきを通じて、ホテルの再定義を繰り返してきました。

ポジティブな予定不調和を生むホテル

２０１５年５月、富良野でペンション経営を始めた私たちは、資金もない、スタッフもいない、知識やノウハウもない中で、限られた経営資源をやりくりし、右往左往しながらなんとかゲストを迎え始めました。

数年前に中華圏で北海道を舞台とした映画が大ヒットしたこともあり、私たちのペンションにやってくるゲストの95％は海外の方でした。地元資本の小規模な宿泊施設が多く、外資や国内の大型資本があまり入っていない富良野で、私たちは英語をはじめとした外国語対応ができる点がほぼ唯一の強みでしたが、それだけでは数ある宿泊施設の中からゲストに選んでもらう理由としては心もとありません。なんとかして宿のセールスポイントをつくらなくてはと日々焦燥感に苛《さいな》まれていました。

あたりを見渡すと、シェフが在籍し美味しそうなフレンチのディナーコースを提供しているペンションもあれば、露天風呂付きの大浴場を併設しているホテルもあり、ロマンチックで上質な内装がほどこされているリゾートもありました。かたや、私たちのペンションは温泉がないどころか、大浴場と名乗るのも申し訳ないほど小さい共同風呂しかありません。もちろん、ほとんどの部屋にユニットバスはなくバス・トイレは共同。

とにかく周囲と見比べては、「あそこにはあるけどうちにはない」要素ばかりが気になる中で、まず最初に取った手段は、〝とにかく接客をめちゃ頑張る〟という原始的なものでした。

繁忙期には1日13組、総勢40名近く訪れるゲストの名前を全て覚えて話しかけ、旅行相談に乗り、仲良くなり、SNSを交換する。朝食の提供が始まる朝7時から、お客さんが寝静まる夜24時まで、毎日休みなくずっと働き続けました。そうしてゲストに心身ともに尽くし続けたにもかかわらず、仲良くなれたと思ったゲストからの思わぬネガティブなレビュー——「接客はいいけど設備が微妙」という投稿を目にした時、この方法では本当にゲストに喜んでもらうことはできないんだ、とようやく気づきました。

限りある予算でリノベーションしたものの、建物の古さを隠しきれないペンションで、一体どうすればゲストに満足してもらえるのだろう？

悶々と考え続けていたある日、母が「夜に1時間だけラウンジで、ウィスキーやワインなどのお酒をフリーフロー（飲み放題）で楽しめるようにしたらお客さんが喜んでくれるんじゃないかしら」と提案してくれました。

はじめのうちは、誰もラウンジに来てくれず、一部屋一部屋客室をまわってゲストを飲みに誘い出したりもしたのですが、不思議なことに、いつしか夜になると自然とゲストが集まってくるようになりました。私自ら限られたコミュ力の中で必死でお客さん同士を紹介してまわらなくても、ラウンジ空間全体が笑い声に包まれ、大盛り上がりするようになったのです。

ある朝、チェックアウトしようとするオーストラリアからひとり旅で来ていた年配の男性客が、すごく楽しそうにしていることに気がつきました。この方の滞在中、あまり話しかけることができていなかったことに後ろめたさを感じていた私は、不思議に思い話しかけてみると、「昨晩、バーで隣になった人とすごく仲良くなれたんだよ。自分にとってハッピーな出会いだった」と言うのです。

このさりげない一言は、私に大きな衝撃をもたらしました。つまり、ゲストが本当に求めていたものは、綺麗な建物や、手厚い接客や、豪華な食事といった定量的な価値ではなく、**旅先でのポジティブな予定不調和という数値化できない定性的な価値**だったのです。私たちのペンションがそのセレンディピティ（幸福な偶然）の舞台となったからこそ、そのゲストは満足していたのでした。

逆にいえば、私たちが本当に提供すべきだったのは、そんなポジティブな予定不調和が生まれる環境そのものだったことに気づいたのです。

またある時、香港からひとりでやって来たあるゲストが、「このペンションが大好きだよ」と言うので、理由を聞くとこう言います。

「高いお金を出して良いホテルに泊まっても、何にも面白くない。鍵をもらって、それぞれの部屋に入って終わりじゃないか。それの何が楽しい？　こんな感じの宿に泊まって、いろんな国から来たお客さんたちと会話したり、スタッフと話したりするほうがよっぽど楽しいよ」

それまでの私は、他の宿泊施設と比べては、うちはここも劣っている、あそこも駄目だ、だから単価を下げないと勝負できないと、定量的な違いばかりに気を取られていました。しかし、本来は、比較検討の結果、相対的に選ばれるホテルになる努力をするのではなく、思わず惹かれてしまうような、絶対的に選ばれるホテルになる方法を考えなければならなかったのです。バーでの出会いを楽しそうに語るゲストの姿を目にして、私が幼い頃にアメリカ横断の旅で感じたホテルへの課題意識が鮮明に蘇ってきました。

ホテルは、世界中が商圏です。大抵の商業施設は、カフェなら半径〇キロ、スーパーなら半径〇キロといった具合に、近くに住む方が顧客になるにもかかわらず、ホテルに限っては地球の裏側からやってくる方も、ご近所さんもみな同じ屋根の下で一夜を明かします。国も違えば言葉も文化も違う、普段は会うことができないような多様な人々が集まるにもかかわらず、プライバシーを尊重するという名目のもとで細かく仕切られた空間に押し込められてしまうのは、ホテルが持つ可能性を狭めてしまっている、ということに思い至ったのです。

ホテルというアセットの、新しい再定義が生まれた瞬間でした。

ホテルとはポジティブな予定不調和が生まれる場所である

同時に、新しいアイディアがふと頭の中に芽生え始めました。ポジティブな予定不調和を起こす仕掛けのある、人が集う空間をつくる――これをペンションではなく、ホテルでやってみたらどうなるのだろう？　と。

ソーシャルホテルの思惑

「ポジティブな予定不調和が生まれる場」としてのホテルで、世界中の人が同じ屋根の下に集まり、出会いと喜びに満ち溢れた、忘れられない思い出になる一夜を過ごす……そんな空間をつくりたいという思いから、翌年の２０１６年に2拠点目を地元・京都に開業することになります。

京都駅から南へ歩いて10分のところにある、東九条という街。駅からほど近い、東京でいえば八重洲のような立地にもかかわらず、その地のまとう複雑な歴史や、京都の伝統的な価値観から、今も当時も土地の価値が過小評価されているようなエリアでした。

京都の中心を貫く烏丸《からすま》通のすぐそばに、70坪の土地が売りに出ていました。近くには何もない、夜は人気もなく真っ暗な場所。

京都の人からしたら、「なんでそんなとこでホテルを?・」と思うような場所かもしれません。

私たちとしても、正直、逆張りの出店戦略でした。でも**千年以上も歴史がある京都という街でホテルをするなら、まだ誰もその価値に気づいていない、気づこうともしていない場所こそが面白いんじゃないか**、と思ったのです。かつて産業が空洞化し衰退の一途をたどっていたニューヨークのSOHO地区が70年代にアーティストたちが集まり街が生まれ変わったように、まだその価値が発見されていない場所だからこそ、土地の空気感を織り込み、外から運び込まれる新しい文化を取り込みながら発酵させていくことで、新しいカルチャーが生まれるのではないだろうか、と。

同時に、東九条という街が過小評価されているのもあと数年だろう、という思惑もありました。観光開発のために国内外の大資本が入りつつある京都で、どう考えてもこんなに利便性の高い土地が見過ごされるはずがない。京都でホテルをやるなら今ここしかない――そう確信して、関西中の金融機関を巡り資金調達に奔走しました。

よりによって東九条でホテルを始めたいという、たいした事業実績もない19歳。いくら綿密な事業計画を提示しても、ほとんどの金融機関の担当者は怪訝《けげん》な顔をし、丁重に見送られました。当時は、大手チェーンではなく、独立系でホテルを開業すること自体がまだ珍しい時代だったのもあるのでしょう。

そんな中、私たちに強い関心を寄せてくれた金融機関が一行だけありました。そこの支店長は、「大阪の胃袋」とも形容される黒門市場の近くの支店にかつて勤めており、海外観光客の猛烈な購買力を目の当たりにし、日本の観光業に大きな可能性があると実感していました。結果、その支店長の多大な後押しのおかげで融資が下り、土地を取得することができたのです。


人と人が出会い化学反応が生まれる「ソーシャルホテル」をコンセプトに掲げ、当初のボリュームスタディ（敷地に対してどのくらいの規模の建築物が建つかの検証）で想定していた37室のうち、客室を3室分も削り、共有部を広く確保してラウンジを設置。さらに、ゲスト同士の異文化交流の舞台になるようにオープンキッチンをラウンジに配置し、スタッフには、海外経験が豊富で英語が堪能な人材を選りすぐって採用しました。ホテル品質のサービスを提供しながら、ゲストハウスやペンションのような温かい出会いが生まれる空間を目指したのです。

2016年3月、そうして意気揚々と開業した『HOTEL SHE, KYOTO』は、オープン時期が京都の桜のシーズンに重なっていたこともあり、予約受付を開始したその日から満室続き。折しも京都のホテル不足が騒がれており、たった15㎡の客室が1泊3万円という高単価で飛ぶように売れていきました。毎日ひっきりなしに大きなスーツケースを抱えたお客さんが訪れ、素晴らしい出会いにもたくさん恵まれ、幸先のいい滑り出しでした。そう、桜の繁忙期が終わるまでは。

ゴールデンウィークが明け、温かい陽射しに新緑が映える季節がやってくる頃、客室はじわじわと値崩れをはじめ、6月に入る頃には8000円、7000円とどんどん値下がりし、最終的には1泊6000円台で売らないと埋まらない日も出てくる有り様となったのです。ダイナミックプライシング（一般的にホテルや航空会社で採用されている、消費者の需要と供給を考慮して、商品やサービスの価格を変動させる手法）とはいうけれど、いくらなんでも、価格の振れ幅が大きすぎます。

繁忙期は賑やかに感じられたラウンジも、閑散期になると、一気にがらんとした空間に。もちろん、時にはアルバイトたちも混じってゲストと一緒にお酒を飲んで盛り上がる夜もありましたが、ラウンジに人っ子ひとりいない日が次第に増えていきました。

たまに、フロントを通過するゲストに、「お酒置いているので良かったら」と声をかけても、愛想笑いに肩をすくめて通り過ぎていくばかり。それもそのはず、夜に楽しめるアクティビティもレストランもほとんどなかった富良野とは異なり、京都の夜は刺激的なコンテンツに満ち溢れていましたから。

ＥＤＭの音だけが空間に反響するホテルで、スタッフに「翔子さん、ソーシャルホテルってなんですか」と尋ねられた時の返事に窮する感覚を今でも鮮烈に覚えています。果敢に挑んだ「ソーシャルホテル」という試みは、完全にコンセプト倒れに終わったのです。

ＯＴＡとホテルの甘い共依存

ここで、当時の私たちが置かれたジレンマをもう少しだけお伝えしたいと思います。閑散期における集客の唯一の頼みの綱は、ＯＴＡ（Online Travel Agent：インターネットで取引を行う旅行会社のこと）だけでした。いわゆる「じゃらん」「楽天トラベル」「Booking.com」などのホテル予約サイトのことで、ゲストにとっては複数のホテルを手軽に比較して予約できる便利なサービスですし、宿泊施設側にとっても集客の軸となる存在です。

当時のHOTEL SHE, KYOTOはゲストの95％以上がＯＴＡからの予約でしたから、いかにＯＴＡでの販売をうまく攻略するかがマーケティングの肝となっていました。

ホテル側は宿泊実績に応じてＯＴＡに手数料を支払うのですが、この手数料がおおむね10〜15％ほどあり、さらに諸費用も加わると、宿泊料金の20％ほどが送客手数料として消えてしまいます。開業したばかりの頃、ＯＴＡからの請求額を確認したら、なんと月に５００万円近くもかかっており思わず目玉をひんむきました。繁閑差があるといはいえ、年間で数千万円が溶け込んでしまう計算でした。

ＯＴＡは、手数料を多く払う施設が優遇され、上位表示されやすくなる仕組みとなっており、いわばＯＴＡのアルゴリズムをハックすることが業界の標準的なマーケティングで、取り組めば取り組むほど利益率が下がりやすい構造だったのです。ＯＴＡでの販売を通じてたくさんのゲストが予約してくれるものの、低い利益率で生かさず殺さずの関係がずるずると続いていく、という状況に陥っていました。

さらにいえば、ＯＴＡ同士の過当競争もますます激しさを増しており、ＯＴＡとしては価格のお得さを訴求することで他社と差別化を図るしかありません。２０１６年当時は、「ベストレート保証（最低価格保証）」といって、そのＯＴＡに最安値を掲載することを確約しなければなりませんでした。他で安く掲出していることが発覚すると検索順位を大幅に下げられてしまったり、他社の掲載料金を検知して自動的に同額まで値下げされてしまうことすらありました。

また、ＯＴＡによるポイント還元制度や割引キャンペーンも、その原資を出すのはホテル側です。ただでさえ20％近い手数料を払い、最低価格保証をしたうえで、キャンペーンに参加し割引し、さらにポイント還元までしなくてはならない。集客と引き換えに、ホテル側は身を削る消耗戦を強いられていました。

無論、各OTAが多大な広告費を投じて、送客していることは確かです。ただ、「賢くお得に」ホテルを予約できることのみをゲストに訴求し、ホテル側にはあらゆる手段で安売りすることを求めるOTAとの関係性を、私はどうしてもサステナブルとは思えなかった。OTAとホテルの共依存関係を批判したいわけではありません。私はただ、自分たちが大きなマーケットのうねりの中で翻弄され、すり減っていくことに疲弊し、疑問を抱き、OTAに依存しないホテル経営のあり方を模索し始めたのです。


とはいえ、現実を直視すると、HOTEL SHE, KYOTOに来るゲストの多くは「駅に近いから」「安いから」という理由でしか私たちのホテルを選んでいませんでした。富良野での教訓をもとに、定量的で比較されやすい価値で勝負する世界から脱したくてHOTEL SHE, KYOTOを開業したはずなのに、結局のところ、価格以上の「選ばれる理由」をつくれておらず、ジリ貧の低価格競争の沼に引きずり込まれていたのです。

当時、あるOTAの担当者からは打ち合わせの場で、こんな皮肉まで言われました。

「HOTEL SHE, KYOTOに泊まるくらいなら、あと3000円出してグランヴィアに泊まるかな」

「グランヴィア京都」とは、ＪＲ西日本が１００％出資する京都駅直結の大規模なミドルアッパークラスのホテルです。「なんて失礼な」と思いましたが、冷静に考えてみれば、京都駅から徒歩10分の無名のホテルに泊まるくらいなら、お金を少し余計に出してでも駅直結で高級感と知名度のあるホテルに泊まりたいという顧客心理も理解でき、妙に納得したのを覚えています。

誤解を招かぬようお伝えしておくと、私はなにもプライシングやマーケティングに力を入れること自体を否定しているわけではありません。むしろ、当時の私たちの状況は、それらの正攻法に熱心に取り組んだにもかかわらず、期待していた成果を得られないくらいどん詰まりの状況に陥っていました。

業界に浸透しているような王道勝ちパターンは、基本的に資本のレバレッジが効きやすい手法で、知名度や資本力がある事業者なら有効な打ち手でしょう。

ただ、事業規模の小さな私たちが成すべきだったのは、**「どう売るか」ではなく、「何を売るか」をシャープに磨き上げること**でした。表面的なマーケティングに囚われるのではなく、そもそもの提供価値を見つめなおす――つまり、ホテルという軸足を疑い、再びアセットを定義することが必要だったのです。

「指名買い」されるホテルを目指す

マーケティングを頑張れば頑張るほど、利益率が下がり組織が疲弊する。そんな状況から次の一歩を踏み出すうえで、**現状の課題をロジカルに洗い出しておく**ことは欠かせない作業でした。抱えている課題が複雑な時、次のようにまず問題の構造を腑分けしておくことは、業種・業態を問わず何が課題なのかを正確に見極める助けになるでしょう。

ホテルの経営における重要指標は、通常このように表されます。

総利益＝総売上－コスト
総売上＝予約数×平均客単価
＝総客室数×稼働率×平均客単価

※稼働率と平均客単価は相関関係が大きいため（客単価を下げれば稼働率が上がり、その逆もまたしかり）、RevPAR《レブパー》＝稼働率×平均客単価という指標を業界内では一般に用います。

この方程式から導いていくと、総利益を増やすには、

①RevPARを上げる：稼働率及び客単価を高める

②コストを下げる：経費を抑える

という2つの方針が考えられることになります。

HOTEL SHE, KYOTOの経費内訳を見ていくと、変動費では人件費や消耗品費、水道光熱費、リネン・アメニティ費、固定費では借入金の返済や固定資産税が続きますが、中でもかなり大きな割合を占めていたのが前述のOTAの送客手数料でした。運営の人件費などは適正にコントロールできていた反面、OTAの手数料は年間数千万円に及び、大きな負担となっていたのです。そして緻密に分析すればするほど、OTAからの集客は「稼働率の向上」と引き換えに、「客単価の向上」「経費削減」といった経営課題に対してことごとく逆行していることが明らかでした。

考えた末にたどり着いたのが、**「指名買い」というキーワード**でした。つまり、競合との価格競争に巻き込まれない「高付加価値化」に向けて取り組み、OTAで比較検討してホテルを選ぶのではなく、「このホテルに泊まりたい」という強い目的意識を持って宿泊してもらえるようにするのです。

私たちのホテルに特別な価値を感じ、「指名買い」で宿泊してくれるゲストであれば、マーケットの価格競争においそれとは巻き込まれずに本来あるべき単価での販売が可能と

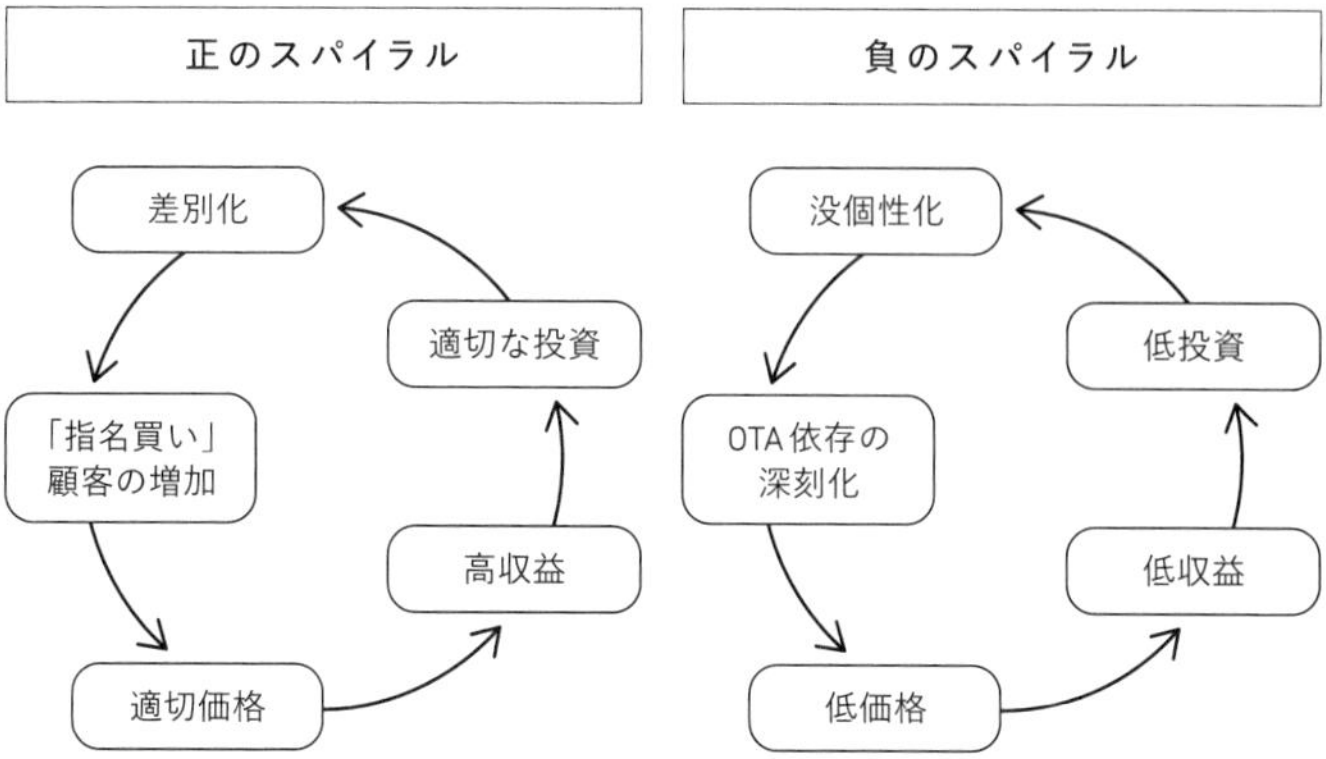

図6　ホテル経営の正のスパイラルと負のスパイラル

なりますし、ホテルに対する解像度も高い（良い点も悪い点も理解した上で適切な期待値で予約していただける）ためマッチング精度が上がり、満足度やリピート率も自ずと高くなります。直接予約の増加により販売手数料が削減できれば、ゲストの満足度を高める施策に還元したり、従業員に還元したりして経営が安定することは、明白でした。

従来のようにＯＴＡからの送客に依存することで自社の収益性や投資余力を削られ、ジリ貧に陥ってしまう負のスパイラルを、「差別化」を起点に直接予約（指名買い）を獲得し、収益性を高め、経営基盤を安定させる正のスパイラルに改めていくことを決意したのです。

「直接予約」が鍵と聞いて、そんなの当たり前だろうと感じる人もいるかもしれません。言ってみれば、ホテルとしては最も原始的な販売方法です。しかし、２０１６年当時はＤ２Ｃ（Direct to Consumer：消費者直接取引）という言葉はまだ聞きなじみがない、メガプラットフォーマー全盛期の時代。そこに背を向け、周りの事業者がほぼ誰もやっていない販売方法の模索を始めるのは並大抵のことではありませんでした。

また、差別化するといっても、立地や建築、温泉などハード面の制約が大きい領域や、接客や食事など、他の事業者が長年しのぎを削っている領域では、私たちのような弱小スタートアップはどうしたってかないません。

では、どうすれば「指名買い」されるホテルになることができるのでしょうか。

選ぶ意味のあるホテルブランドを

ヒントになったのは、富良野の隣町の美瑛《びえい》にある「スプウン谷のザワザワ村」という宿でした。そこは、北海道に移住したとある家族が、美瑛の美しいじゃがいも畑の広がる地に、数年にわたってセルフビルドで建てたオーベルジュでした。まるで童話に出てくるような可愛らしい一軒家に、キャラメルバタートーストのようにこんがりした色みの外壁。

お部屋の窓からは美瑛の雄大な空と青々とした畑が一望でき、朝になれば新鮮な牛乳やフレンチトーストの朝食が入ったバスケットが部屋に届けられるといいます。

「東京のママさんたちの間で話題になって人気だから、どこのＯＴＡにも出していなくて、ホームページだけで集客しているんです。予約が取れないことで有名なんですよ」

そう聞いて、その記憶に残るユニークな名前や、ジブリ作品に出てくるような建築に驚いたのはもちろんですが、衝撃だったのは当時公式サイトに記載されていた「この宿は美瑛の畑の中にあるので、電波が届きません」といった主旨の一文（現在は電波が入るようです）。

当時、富良野のペンションで「Wi-Fi環境が悪い」というバッドレビューが届いて、Wi-Fi工事に奔走していた私にとって、一般には想像を絶する不便さと捉えられかねない状況がかえって宿の魅力として受け入れられていることに大きな感動を覚えたのです。

つまり、そこに集う宿泊客が求めていたのは、便利な電波環境でも、観光地を効率よく巡ることでもなく、**北海道らしいテロワール**（**フランス語で、気候や自然環境などを含む土地の個性**）**を感じられる光景に囲まれながら、心を煩わせる日常生活の諸々を忘れ、まるで絵本や物語の世界に没入しているかのような一日を家族で体験することだった**のです。

それまでの私はずっと、「良い」ホテルをつくろうとしていたということに気づかされました。良い客室、良い立地、良い接客、良い食事、良い温泉、良いWi-Fi環境……。「良い」ことが「選ばれる」ことに直結するのだと考え、まるで通知表の「大変よくできました」を増やしていくように、OTAのレビュー欄の評価項目を攻略しようとしていました。

でも、その先にあるのは、優等生的だけど、次の日になったら記憶からすっぽり抜け落ちてしまうような、幼い時の自分が最も退屈に思っていたホテルの姿でした。

本当に大切だったのは、「良い」ことではなく、ゲストにとって「選ぶ意味がある」こと。定量的な指標の中でただ上を目指すのではなく、定性的な価値を感じてもらえるよう磨き上げること。**「選ぶ意味のあるホテルブランド」を築いていくこと**だったのです。

それはわざわざ選び訪れる「理由」があるホテルであり、そこに泊まること自体に何らかの「意味」が伴う、思想や価値観が織り込まれたホテルに他なりません。

ホテルをつくるのではなく、ホテルブランドをつくるべきなのだという気づきは、私にとって大きな転換点となりました。

メディアとしてのホテル

それまでの私は、ホテルの本質的な価値は「ポジティブな予定不調和が生まれる場所」、つまり人と人との出会いや、予想外のセレンディピティの舞台となることにあると考えていました。でもホテルの価値はそれだけではない、と次第に思うようになっていきました。「スプウン谷」の宿が美瑛の土地のまとう瀟洒《しょうしゃ》で牧歌的な空気感や、農地と共存する生活のあり方をゲストに伝えていたように、ホテルは、その地のまとう気配を五感で感じることができる「土地の空気感が織り込まれた場所」という価値を持っている。と同時に、日常生活とは異なる、パラレルな生活のあり方を1泊単位で追体験することができる「ライフスタイルを試着する場所」でもあったのです。

ホテル　とは　土地の空気感が織り込まれた場所　である

ホテル　とは　ライフスタイルを試着する場所　である

ホテルを介して出会うのは、なにも人と人だけではありません。〝何かと何かがリアル空間を通じて出会う場〟として、もっと広く捉えたほうがホテルとしての大きな可能性を引き出せる。ホテルとは、「人と人」のみならず、「人・土地・文化」を相互に介在する、メディアとしての役割を果たすのではないか？　そうしてたどり着いたのが、という再定義でした。ホテルは決してただの寝床ではなく、人の五感と生活を預かり、それまで想像だにしていなかったであろう人物や価値観、空気感、アイテム……との出会いがある場所。ハーフプライベートでありながらハーフパブリックでもあり、キュレーター（ホテル運営者）の意思が入り込む生活空間でもある。それはもはや、生活空間メディアといっても過言ではありません。

「ホテルはメディアである」という再定義のもと、3つの価値が立体的に立ち上がってきたのです。

①ゲストと人をつなぐ：ポジティブな予定不調和を生む場所

前述の通り、ホテルの持つ本質的な価値のひとつは、バックグラウンドの異なる人々がひとつ屋根の下に集っていることといえます。

ホテルは、世界中に対して開かれた稀有な業態で、日本人ゲストの隣の部屋に地球の裏側から来たゲストが泊まっている可能性もあれば、さまざまな国籍、性別、年齢の人々が

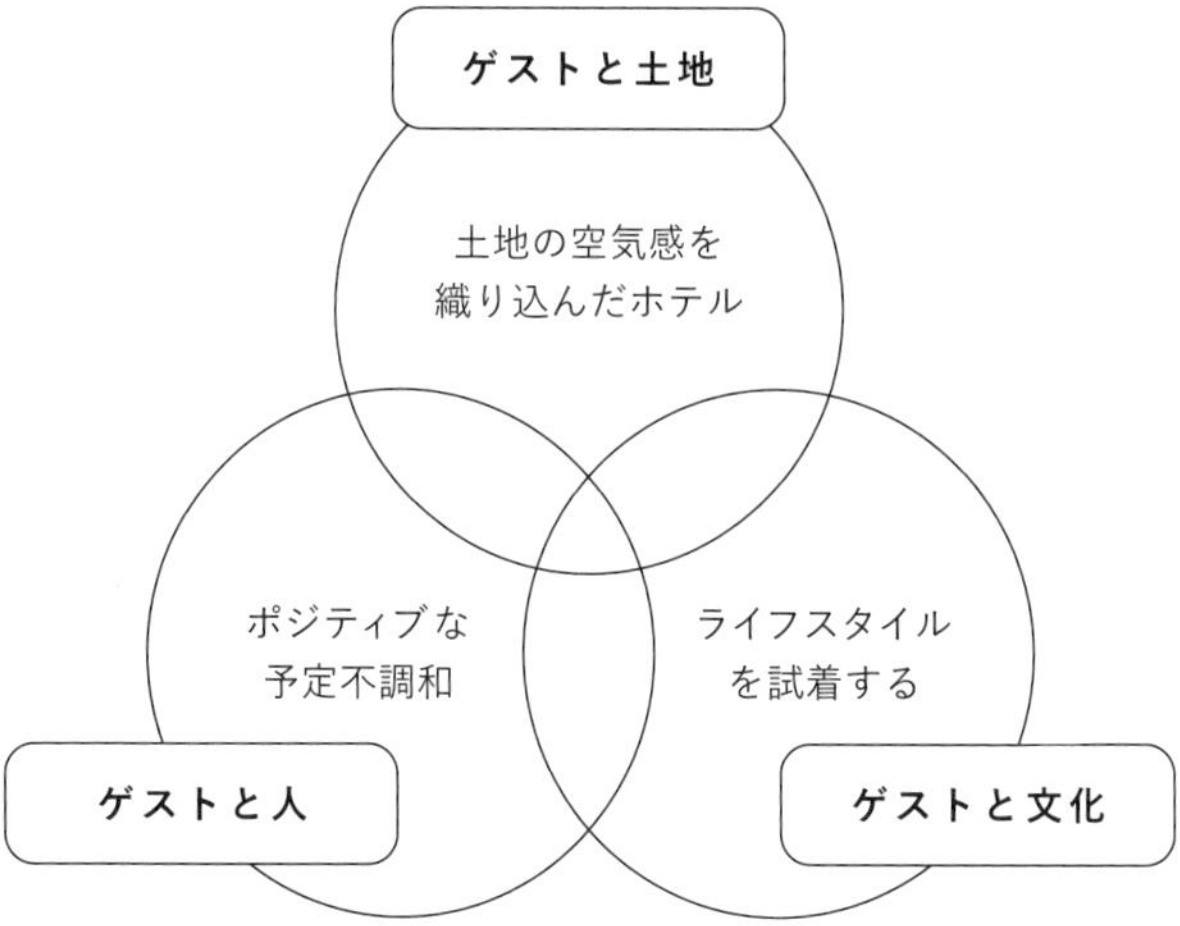

図7　メディアとしてのホテル

集い、全く異なる政治信条を抱く人々が巡り合う可能性もある。そういう意味で、**ホテルとは、異なる世界線を生きている人同士が出会える場**だともいえます。

また、ホテルはゲストと現地の人々との出会いの舞台にもなりえます。「観光」の重要な要素のひとつに「人を観る」ということがあります。観光名所の物見遊山よりも、その道中で出会う人々がまとう空気感を感じ取ったり、他人の日常を追体験することが旅の滋味となることも多いのではないでしょうか。

沖縄の掘建小屋でサトウキビジュースをつくる麦わら帽子の老人、ハワイ・ヒロの公園で「アロハ」と笑いかけてくる優雅なワンピースを着たアジア風の顔立ちの女性、雪の降るヘルシンキの夜道で公衆サウナの前の生垣に座り込んで外気浴する半裸の男性たち……。

そうした光景に出会った時こそ、自分の日常とパラレルな「異日常」を強烈に追体験することができ、旅をしていることを身体でダイレクトに感じられる瞬間だと思うのです。

そしてそれは多くの場合、ホテルという場所が起点となって導かれます。

旅に出るということは、「人」と出会い、「人」を媒介に異文化に触れる楽しさが含まれています。ホテルとは、その内外を問わず、滞在を通じてポジティブな予定不調和を生み出せるポテンシャルが秘められている空間なのです。

②ゲストと土地をつなぐ：土地の空気感を織り込んだ場所

私の幼少期の原体験にも通ずる話ですが、せっかく旅をしてまだ見ぬ土地を訪れても、その土地のまとう空気感を実感する機会は意外と多くありません。どの土地にも必ずその土地ならではのテロワールは存在しているはずですが、昨今のグローバル規模の都市の均質化の影響もあり、よほど意識しないと土地の個性に触れられないままその地を後にしてしまうことが多々あります。

しかし、ホテルとは旅行客が１泊で12時間以上も滞在することになる、その土地で最も長い時間を過ごす空間です。だから、**ホテルは本来、旅行客に対して、その街を最も印象的に、効果的にプレゼンテーションをすることができる場所**でもあるはずです。ゲストの生活や衣食住に土地の空気感を織り込み、五感で土地のまとう気配を感じ取ってもらうことができる可能性を秘めた空間なのです。

また、ホテルは、地域に人を送り出すポンプのような役割も果たしています。そこにホテルがあるからこそ、人はその土地に訪れ、その土地からまた次の目的地へ歩みを進めます。だからホテルは、旅人がその地域で何に出会い、何を見聞きするのかを手助けすることができるうえ、観光消費を促し地域経済の活性化を図ることもできるのです。

さらに、地域のランドマークとして、土地をレペゼン（represent：象徴する）する存在にもなりえます。土地の空気感を織り込んだ空間であるからこそ、実際に宿泊したゲストだけではなく、未だ訪れたことのない方々に対してもその土地の存在や個性を知らしめ、さらには地域のシンボルとして土地のイメージを上書きしていく。ホテルは、地域の顔としてシヴィックプライド（地域への誇りと愛着）の高まりに寄与することもあるのです。

そんな土地の空気感を表象するホテルは、ゲストの旅の完成度を高めるばかりか、地域の流れすら変える力を秘めているといえます。

③ゲストと文化をつなぐ：ライフスタイルを試着する場所

忘れてならない、もうひとつのホテルの本質的な特徴は、「ハーフプライベート、ハーフパブリックな空間である」という点です。

これは、単に共有部と専有部があるという話ではなく、ホテルサービスそのものがプライベート性／パブリック性を兼ね備えている、つまり、ホテル側によってコーディネートされた体験設計の中（パブリック性）でゲストのプライベートな生活が営まれている二重構造になっているということです。

ホテルとは、自分とは違う誰かの生活提案を受け取り、それを1日単位で試すことができる――つまり「ライフスタイルを試着する場所」だといえます。雑誌やWebメディアが文字情報や視覚情報、音声情報を通じて新しいライフスタイルを世の中に提案していくように、**ホテルはリアル空間でゲストの五感全てに訴えかけながら、生活導線にのっとって、鮮烈な感触を伴った等身大のライフスタイル提案をする**ことができるのです。

先ほどの「スプウン谷」の例でいえば、「北海道ののどかな農村地帯で自給自足のような暮らしをする」という生活提案をしている、というわけです。

また、もっと踏み込んでいえば、ホテルはゲストの生活、つまり人生の一部をお預かりしている空間と捉えると、よりゲストの生活や人生のあり方に肉薄する、真の意味でのライフスタイル提案が可能になると考えています。

例えば、徳島県・上勝町《かみかつちょう》には「HOTEL WHY」というサステナブルな生活を体験することができるホテルがあります。このホテルでの滞在中、ゼロウェイストなライフスタイルを試着することを通じて、ゲストはそこでの体験を実生活に持ち帰り、今後の生活のあり方に新しい変化をもたらすことができるのです（もちろん、あくまで「試着」ですので、取り入れることだけがゴールではありません。実践してみて、自分には無理だな、と知ることにも大きな意義があると思います）。

世の中には、情報やモノを提供できる事業者は数多くいますが、「環境」を提供できる事業者はあまり多くありません。中でも、中長期にわたって「生活環境」を提供することができる事業者は、ホテルしかありません。だからこそ、ホテルは人の生活をコーディネートし、ゲストの生活、ひいては人生に新たな選択肢をもたらすことができる存在だと思うのです。

固定観念を離れて本質をディグり、アセットを再定義することで、新しい価値を生む。既存のホテルのあり方とは異なるホテル像を描くことで、今までとは異なるシーンで、異なるゲストを呼び込み、新たな市場をつくることができるようになっていく。その変化は事業に新しい流れをもたらし、クリエイティブジャンプの第一歩となっていくのです。

第3章

空気感を言語化する

――世の中のムード・土地のセンスを読み解く

空気感の言語化とは？

前章で、クリエイティブジャンプの起点として、「アセットを再定義する」重要性をお伝えしましたが、仕込みの作業としてそこにもうひとつ、「空気感を言語化する」、つまり「世の中のムードを読み解く」プロセスが必要になります。その理由は2つあります。

ひとつ目は、**良いクリエイティブとはお客さんとのコミュニケーションであり、社会に対する意思表明**だからです。

ユーザーがどんな時代の空気感の中を生きていて、どう感じているのか。そこにどんなメッセージを伝えてどういう気分になってほしいのか？　それらを高い解像度で言語化することで、世の中の潜在意識を汲み取った、深く胸を打ち、強く印象に残るクリエイティブへとつながります。

2つ目は、**良いクリエイティブとは、常識に対する「裏切り」によって成り立っている**からです。アイディアや企画に驚きや意外性がなければ人の心には残らずあっという間に流れていきます。良い「裏切り」方をするためにも、誰よりも今の「常識」や「空気」を把握することが大切です。

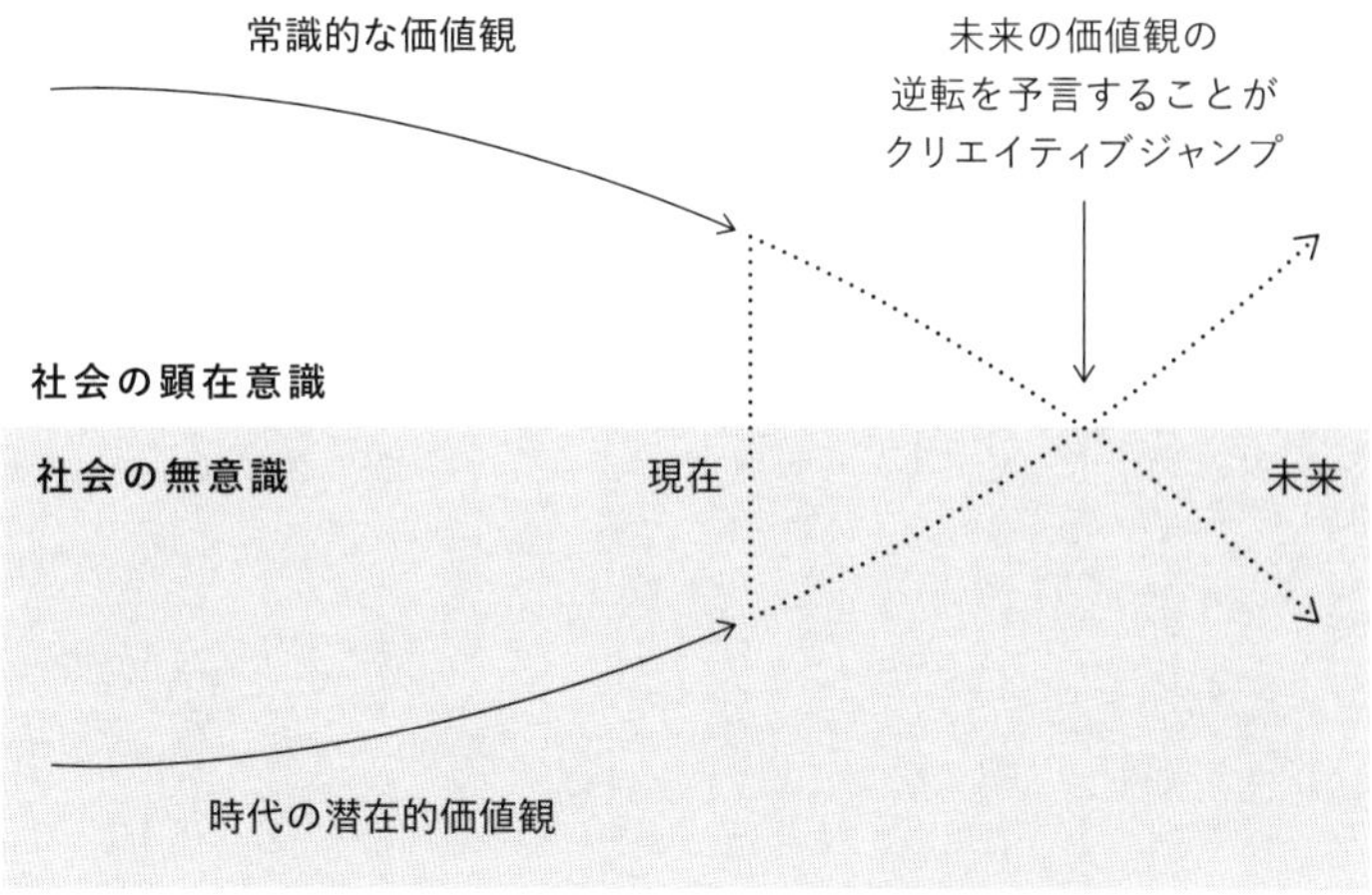

図8　クリエイティブジャンプと世の中の潜在意識

さらに踏み込むと、優れたクリエイティブジャンプとは往々にして時代の空気感の歪みによってもたらされます。多くの人が無意識下で抱いている時代のムードを言語化し、顕在意識に引っ張り出しながら、既存の常識に叛逆《はんぎゃく》するのです。

そうしたクリエイションは、しばしば未来に起こりうる「常識の切り替わり」を予見したものになります。

いくつかの事例をご紹介しましょう。

「Lovegraph《ラブグラフ》」という出張フォトグラファーがカップルフォトを撮影するサービスがあります。２０１５年の創業以来、若い世代を中心に爆発的な人気を獲得するようになりましたが、これはまさに**時代の空気**

感を裏切り、新しい価値観を先取りしたことで生まれたサービスです。

創業の数年前、スマホの普及率はまだ20〜30％で、当時の大学生をはじめとする若い世代のカルチャーは、2chなどのテキストサイトやTwitterの冷笑的・非モテ的な行動様式の影響を強く受けており、「リア充爆発しろ」が流行語となっていました（今となっては完全に死語ですが、当時大学生だった私は日常的に耳にするフレーズでした）。恋人とキャンパスにいるだけで「リア充」と揶揄されたり、「爆発しろ」と破局を祈念されたりする、そんな時代の空気感があったのです。

その中で、Lovegraphは、恋人と過ごす刹那的ながらも素晴らしい時間を写真に収める、というサービスを通じて「恋人がいること、愛し合っていることを堂々と世の中に見せてもいい」という新しい価値観を提示し、時代の共感を獲得して大きな成長を遂げました。

また、２０１７年に、結婚情報誌ゼクシィのＣＭが大きな話題となりました。「結婚しなくても幸せになれるこの時代に、私は、あなたと結婚したいのです」と語るそのコピーに、ＳＮＳ上でたくさんの共感のコメントが寄せられていたのをよく覚えています。事実婚や地味婚など、結婚をめぐる新しい選択肢が増え、「結婚することが正解やゴールではない」という価値観のアップデートを踏まえながら、「それでも結婚したいと思うこと、思われることは尊い」という当時においてはなかなか言語化されることのなかった潜在的価値観を提示するという、**二重の「常識の裏切り」**が仕掛けられています。

また、結婚情報誌という商材の性質上、従来は結婚に対して100％ポジティブなスタンスでの広告コミュニケーションを行ってきたにもかかわらず、あえて結婚に対して懐疑的な姿勢を持ちながら、ニュートラルなバランス感覚で結婚の尊さを伝えるという、自社文脈の裏切りも織り込まれており、その観点でも大きな驚きをもって迎えられました。

時代のムードを嗅ぎ取る方法

では、時代の空気という、なんとでも言えてしまいそうな曖昧でおぼろげなものを一体どうやって感じとったらよいのでしょうか？　考えていく上での補助線となる3つの視点をお伝えします。

①比較し相対化する

いくつかの異なる「界隈」を特定のテーマで比較し、そこで得られた結果を抽象化することで時代の空気感を導く、というのはひとつの取り組みやすいアプローチ法でしょう。

ここでいう界隈とは、「特定の世代や地域、価値観を通じてゆるく結びついた個人の集まり」を指します。

仮に「ダンス」というテーマでそれぞれの時代を象徴する「界隈」を比較してみましょう。私が高校生だった2010年代前半は、ダンスをする機会はあまり多くありませんでした。あるとすれば、クラスの文化祭の出し物などで流行《はや》りのアイドルのコピーダンスをするくらいで、ダンスは本格的にスクールで習っている子たちの領分というイメージです。それに対して、ゼロ年代の高校生は教室でパラパラの練習をしているし、逆に2020年代の高校生はTikTokなどでミーム化（真似されて拡散していく現象）しているダンスを日常的に踊っているように見受けられます。

ここから、ダンスが同質性のある集団であることを示す記号だとすれば、時代によって高校生のコミュニティが以下のように変化してきたという仮説が考えられます。

・2000年代は学校の枠組みを超え、地縁的な単位で特定の価値観を共有する集団（この場合はギャルサーなど）。
・2010年代は、学校内で近しい価値観を共有する集団。
・2020年代は、再び学校や地域の枠を超え、全国的に価値観を共有する大きな集団。

この背景として、若い世代のコミュニケーションのツールの技術的革新があるのではないかという仮説を私は持っています。ゼロ年代のコミュニケーションツールはＰＨＳなどが一般的であり、通信できる情報量の制約から、あくまで会ってコミュニケーションをとることが前提で、オフラインの場で集団の同質性を確認するための行為としてダンスが行われていた。一方、２０１０年代はケータイメールやブログなどのテキストサイトが一般化し、オンライン空間が他者とつながる手段となったが、技術的な制約からテキストや画像が中心で、インターネットの匿名性も高かったことから、ダンスは主にYouTubeなどで消費する対象にとどまった。そして、２０２０年代では通信革命により動画コンテンツが普及し、誰でも気軽に発信ができるようになり、再びダンスがノンバーバルなコミュニケーションツールとして広く機能するようになった、と考えられます。

この分析は私の見立てに過ぎないので、また別の観点もあるかと思いますが、このように、特定のテーマで複数の世代（を構成する界隈）を比較し相対化してみることで、時代の空気感を読み解くためのヒントを手に入れることができます。

②象徴的なキーワードをつかむ

時代を象徴するキーワードから、なぜそれが流行っているのか、なぜ象徴的なのかを考察するのも有益な方法です。

会社を経営しながら大学に通っていた頃、ふた回りほど年上の知人に「今時の若い子って、なにして遊ぶの?」と尋ねられ、**「サイファーですかね」**と答えたら「何それ?」と非常に驚かれたことがあります。サイファーとは、みんなで輪になってフリースタイルラップなどを繰り広げていく遊びなのですが、(もしかすると一般的ではないかもしれませんが)私が大学生だった頃に仲良くしていた界隈では、仲間が集まるたびに「サイファーやろうぜ!」と誰かが言い出し、ビートが流れるスマホを囲むのが日常でした。

また、同世代のシティボーイ・シティガールの間では**短歌を詠む**のも流行っており、お互いに詠んだ歌をSNSに載せて特に何の違和感もなくいいねをしたりしているという話も大変驚かれました。その知人が大学生だった頃は、若者が集まって何かをする、といえば「麻雀」だったそうです。

このエピソードからこんな仮説が立てられます。

- サイファーも短歌も、刹那的な感情を言語化を通じて固定しようとする試み。
- 自身の感性や感情を他者と共有することに対して積極的である。
- 場所やモノへの依存度が低い、スマホひとつで楽しめる遊びが好まれる。

この背景には、ＳＮＳの普及浸透によって自身の感情を言葉を通じて人に伝え、同時に人が考えていることを覗き見することが日常生活の一部になっていることもあるのでしょう。もっと言えば、サイファーも短歌も、**相手の話を聞いているようで自分の話をしている、という絶妙な距離感で成り立っているコミュニケーション**と捉えることもできます。１対１で正面向き合ってキャッチボールをするのではなく、ＳＮＳのように１対ｎの輪の中でボールをまわす蹴鞠《けまり》のようなゆるやかなコミュニケーションに心地よさを感じている人が多いのではないか、という仮説も立てられます。

　ここで拾ったキーワードから、①の世代間比較につなげることもできます。例えば、サイファーはスマホひとつで楽しめる「場所やモノへの依存度が低い」遊びで、スマホを中心にリアルな溜まり場が形成されていることが読み取れます。一方で麻雀は、今の私たちから見れば特定の場所、特定の人数でしか楽しめないハードルが高い遊びのように見えますが、知人が大学生だった世代は雀荘が溜まり場として機能していたからこそ、定番の遊びとして親しまれていたという時代背景が浮かび上がってきます。

　このように世代間比較をすると、スマホの普及によって若者のオフラインの溜まり場のあり方が常設空間からスマホを中心とした仮設空間へと移っていることが浮き彫りになります。

③時代の変遷を踏まえて解釈する

3つ目に最も本質的なアプローチとして、時代を象徴するエポックメイキングな出来事を踏まえ、それらが社会にどのような影響を及ぼしたかを分析する手法が挙げられます。

例えば、2010年代前半から中盤にかけては、3・11の衝撃やそこからの復興、東京オリンピックの開催決定に伴う社会全体の高揚感、またiPhoneやSNSの普及による新しいマーケットや社会行動の誕生により、若い世代が起業や個人の活動を通じて社会とつながり、今まで以上に個人にスポットライトが当たるようになり、上昇志向の空気が流れていました。

2010年代後半になるとその行き着く先としての「何者かにならないといけない」という抑圧感や焦燥感、あるいはその揺り戻しとして、あえてガツガツしない余裕さや、メインストリームに背を向けるようなスタンスとしての「チルアウト」な空気感が時代を象徴するようになります（チルアウトとは、英語のChill Out〔冷静になる、落ち着く〕を由来とした、「高揚感とくつろぎが共存する状態」といった意味）。

そしてコロナショックが訪れた2020年以降は、社会全体が同時多発的に抱えてしまった不健全さに対するアンチテーゼとしての「ご自愛」カルチャーや、その延長線上にあるソーシャルマイノリティへのまなざしの変化、それに伴うポリティカルコレクトネス的な思想が時代を象徴する空気感となりました。

このように、時代を代表するような大きな事件や出来事が、どのように社会風土に影響を与えたか（そしてどのような揺り戻しが起きたのか）を考察することで、時代の空気の大きな流れが可視化されていきます。

ひとつ補足すると、「時代」や「世代」という言葉は取り扱いが難しい概念です。普通に考えて、同じ年に生まれた人同士でも、学生時代からサステナビリティやダイバーシティへの関心が高い人もいれば、剃り込みを入れて河原で殴り合いをする人たちもいる。○○世代とか、○○時代といった言葉を使うのは、分かりやすさと引き換えに、時に個々人の生活実態への解像度が下がってしまう代償を孕《はら》んでいます。

私が意識的に「界隈」という概念を使って考えることが多いのも、「特定の世代や地域、価値観を通じてゆるく結びついた個人の集まり」は、他の界隈とゆるやかに感応しつつ、時の流れの中で変化するニュアンスを含んでいるからです。「界隈」は、時代や世代全体を代表しませんが、全体像を多面的に理解するのに役立ちます。

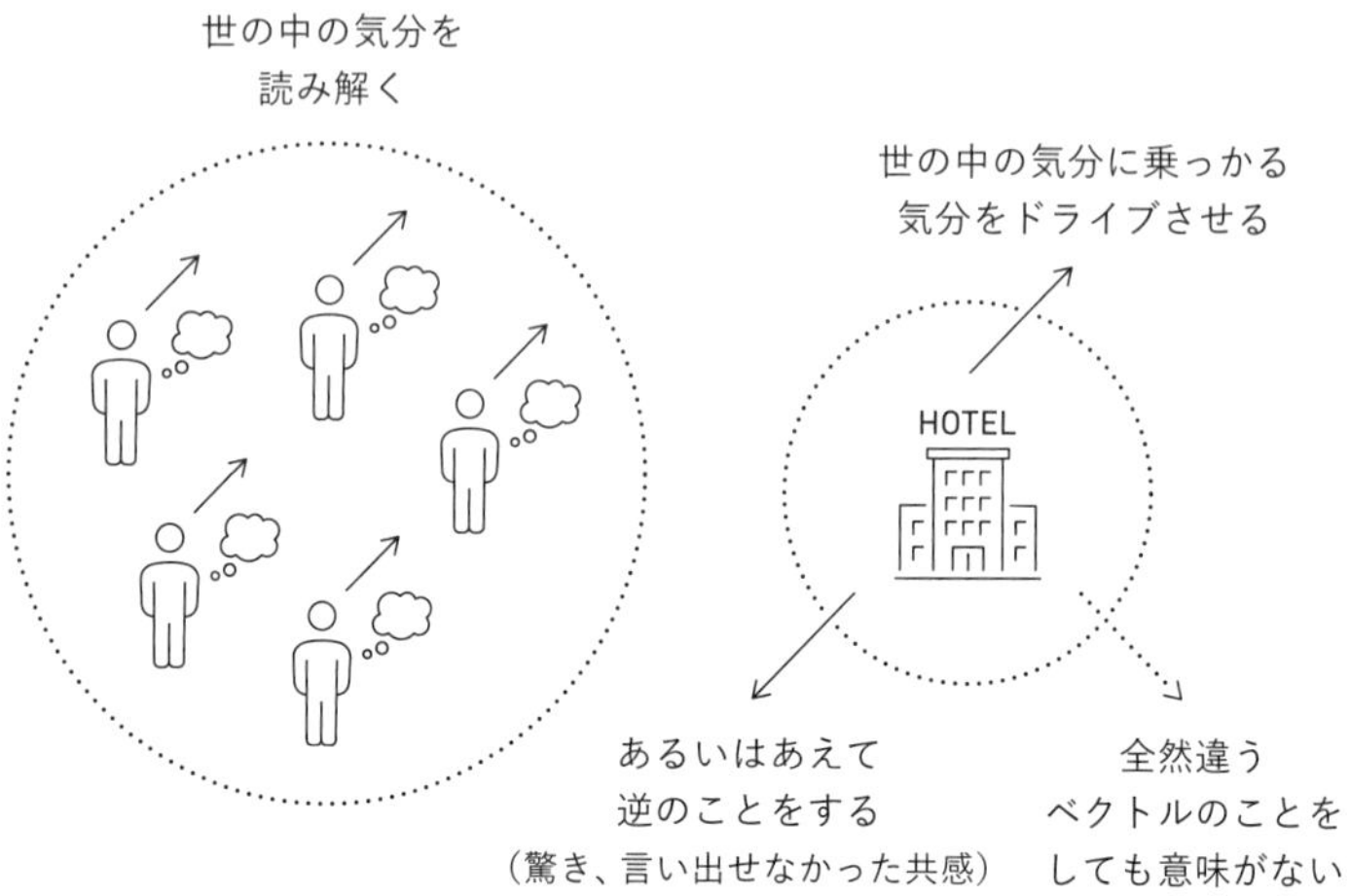
世の中の気分を
読み解く
世の中の気分に乗っかる
気分をドライブさせる
HOTEL
あるいはあえて
逆のことをする
（驚き、言い出せなかった共感）
全然違う
ベクトルのことを
しても意味がない
図9　世の中の気分を読み解くと、進むべき方向性が定まる

時代のまとう空気感は、目に見えません。新聞やWeb記事に書いてあるとも限りません。このような漠然とした、まだ世の中の誰も気づいておらず、言葉にもできていない「気分」をいち早く読み取って事業に落とし込んでいくことが、オリジナリティのある価値提案につながります。

時代の空気感を読み解き、世の中の気分に乗っかった事業やコミュニケーションを行うことで世の中の動きをドライブさせることもできますし、あるいはあえて世の中の気分とは真逆のことをすることで、驚きや、潜在的な共感や支持を勝ち取ることができる可能性もあります。時代の潮目で風向きの変化を読み、その一歩先を行くことが重要な仕込み作業となってくるのです。

土地の空気感を言語化する

さて、空気感を言語化する時に、もうひとつ重要な柱となるのが土地のセンス（感覚的な空気感）を読み解く技術です。これは問題解決を図ろうとしているジャンルや、アセットによって使い分けてもらえたらと思いますが、地域活性にかかわるビジネスや、店舗型ビジネス（観光、飲食、小売等）において、効果を発揮するスキルです。当然、ホテルという商材を扱っている私たちにとっては、事業の成否を分ける生命線となります。

私にとって、いわば専門分野ともいえる領域なので、丁寧に扱いたいと思います。

先に、「ホテルとは、ゲストと土地をつなぐメディアである」というホテル観をお伝えしました。土地に魅力があるからこそ、人が訪れ、ホテルに泊まるのであり、ホテルに魅力があるからこそ、人が訪れ、土地に人の流れが生まれ、経済が回り出す。

だから、ホテルを開発する時は、**いかにそのホテルの存在を通じて土地の個性を浮き彫りにするか**が大切であり、土地の空気感を定義し、再解釈して、体験を通じて伝わりやすいかたちに落とし込むというプロセスを必ず踏んでいます。

なぜなら、超有名観光地ならいざ知らず、たいていの土地においては、漠然と「この街の良さを感じてください」と旅行者に解釈を丸投げしてしまうような姿勢や、「居心地のいいお部屋を用意しました」といった抽象的で〝当たり前〟の価値提供だけでは、ゲストに訴求することができないからです。

私は仕事柄、よく地方の方々とお話しする機会があるのですが、その際「あなたの街の魅力は何ですか？」と尋ねると、返ってくる答えのほとんどが「豊かな自然」「美味しい食事」「温かな人々」の3つに収斂《しゅうれん》します。

大変指摘しづらいのですが、これらの回答は〝地元のここが魅力・三大悪い例〟だと私は思っています。

考えてみてほしいのですが、日本の地方に行って、およそ自然が豊かでない場所はあるのでしょうか。日本は、暖流と寒流の交差点に位置し、山は険しく水に恵まれた豊かな自然の中で、繊細な食文化がはぐくまれ、他者との協調を重んじる優しい気質が全国的に根付いているのではないでしょうか。つまり、自然・食・人の魅力は日本のどの地方であってもある程度普遍的に存在する要素であり、際立った強みにはなりにくい。そこからもう一段階解像度を上げて、それらの源流となっている地域の独自性や空気感を言語化し、ブランドイメージを持たせることが不可欠なのです。

ここでいうブランドイメージとは、旅行者（あるいは生活者）の脳内に共通して抱かれている印象を指します。例えば、「訪れたい旅行先は？」といった時、パッと思い浮かぶところはすでに確固たるイメージが確立していることが多いです。沖縄だったら「青い海に白いビーチ、琉球文化やアメリカンカルチャー」、北海道だったら「広い大地に映える草原や農場に花畑、その恵みとしてのチーズやワインに洋菓子」といったところでしょうか。

ブランドイメージと消費行動は密接に結びついています。エルメスのバッグが売れるのは、製品の質や機能性が高いからだけではありません。エルメスというブランドのまとう、クラフトマンシップやクリエイティビティ、それらを愛したセレブリティたちのイメージが浸透しているからこそ、高額であっても特別な消費体験を求めて購買されるのです。プロダクトやブランドのイメージが購入を後押しする大きな要素であることは、誰しもが実感していることではないでしょうか。

「良さ」ではなく「違い」は何か？

同様に、街や地域もまた、ブランドにほかなりません。**地域に人を呼び込むには、何よりもまず、その土地のブランドイメージを固めることが重要**です。人は無意識下で商品やサービスに対して何らかの「イメージ」を持っており、それがぼやけている商品やサービスは、そもそも興味を持ってもらうことすら難しい。

観光地においても「イメージのデザイン」を適切に行って初めて、消費者の関心を喚起し、行動へと促すことができるのです。

それゆえ土地のブランドイメージを考えるうえで、自然・食・人といった普遍的な魅力ではなく、それらの源流となったその土地ならではの個性や空気感を探し、**「どのベクトルで突出しているのか」を発見し、言語化する**アプローチが大切です。

豊かな自然とは対照的な極めて人工的な場所であっても、その特異性によっては観光資源となり得ますし（軍艦島のような廃墟や川崎の工場夜景など）、「ご飯があまり美味しくない」という一般的な評価さえも、逆に魅力として活用できる可能性すらあります（イギリス旅行の醍醐味ともいえるでしょう）。地域の人たちの人柄だって別に温かである必要はなく、ちょっといけずな京都人に接し、さりげない皮肉の一つや二つを耳にした方が、京都らしさを実感できる良い思い出になるのではないでしょうか。

そんな発想に立ったうえで、土地のブランドイメージをどのように言語化し、実際の施策に取り込むことができるのか、いくつかのメソッドを私たちの事業ストーリーとともにお伝えしていきます。

街の歴史を深掘りする ——大阪・弁天町の色気

まず最も本質的で正攻法の手法は、〈街の歴史やストーリーから深掘りする〉ことです。この世界に、同じ地形・地質を持つ場所はひとつとしてありません。地形が違えば気候が変わり、気候が違えば風土が変わり、風土が違えばそこに生きる人の気質が変わり、気質が違えば文化が変わる。そういう意味で、**どんな場所にも固有の歴史から滲み出てくるテロワールがあります。**

HOTEL SHE, KYOTOを開業した2016年——。私たちは大阪に新しいホテルを仕込んでいました。大阪中を探し尽くして見つけたのは、大阪駅からJR環状線で4駅、いわゆる市内中心部ではなく、ベイエリアといわれる港湾地帯にある「弁天町」という駅の近くの土地でした。

大阪の方によると、弁天町は環状線で通り過ぎる駅という印象のようで、そもそもホテルが建つ場所というイメージは全くないそうです。

ところが実際に街に出て歩いてみると、その印象はガラリと変わります。かつて日本の高度経済成長を支え大いに賑わっていた港街は、赤煉瓦の倉庫街や造船所、錆びたコンテナやクレーンが立ち並ぶ、工業都市のメタリックで哀愁を帯びた気配があると同時に、夜通し働く港湾労働者のために早朝から営業している銭湯や角打ち、昭和を真空パックしたかのような食堂などもあって、人情と艶っぽい気配もある街でした。

こうした弁天町の空気感をホテルに織り込みたいと考えた時、「ストリート」とか、「産業遺構がある情緒溢れる港街」という言葉がひとまず脳内に浮かびましたが、それではまだ単純な要約にすぎないように感じられました。

土地の空気感を言語化するにはあたっては、インスピレーションを掻き立て、風景や感覚、情緒を呼び醒ますような五感に訴えかける言葉に落とし込む必要があります。街の感触を、レトロ、グラマラス……といろいろな言葉を探りながらたどり着いたのは、「インダストリアルセクシー」というフレーズでした。

「インダストリアル」と「セクシー」という対照的なニュアンスを持つ言葉が一体になることで、工業都市の錆び臭い無骨なかっこ良さの中に、人の営みの艶めいた情感が漂い、人の目を惹きつけてやまない色香がある、そんな情景が広がる独自の空気感が浮かび上がってきたのです。

この世界観を表現した『HOTEL SHE,OSAKA』のキービジュアルは異例の反響を呼びました。コンクリートがむき出しの建築現場にダブルベッドを持ち込み、人気モデルのるうこさんを招いて撮影したこのビジュアルは一見、工業的で無機質とも思える弁天町の中に、今まさに文化的な豊かさと色気をまとう『HOTEL SHE,OSAKA』が誕生しようとしていることのメタファーでもありました。

ホテルらしからぬこのダークなビジュアルはクリエイティブ界隈でも高く評価され、「これは私のためのホテルだ」と大勢の方々が感じてくださったと聞き及んでいます。

街の空気感を宿泊体験に織り込む

インダストリアルセクシーという言語化は、さらなるクリエイティブジャンプへと連鎖します。

港湾地区の大阪の歴史を積み上げてきた陰日向の風景、そしてそこに生きる人々の愛しさと力強さ。そんな街の空気感を、たった一夜過ごすだけの旅人にどう感じ取ってもらったらいいのだろう――。

悶々と考えていたある日のこと、遊び仲間のひとりから、「インターン先がレコードのサブスクリプションサービスを始めるから、PR施策の一環としてホテルにレコードプレーヤーを置かせてくれないか」と打診があったのです。サブスク全盛期にアナログのレコードプレーヤーか……と思っていると、ふと脳裏に、前年の個人的な想い出が蘇ってきました。

下北沢の1DKの木造アパートで恋人と同棲していた冬のこと、クリスマスイブに恋人がレコードプレーヤーをプレゼントしてくれたのです。当時、それなりに音楽好きなミーハー大学生として活動していた私でも、レコードプレーヤーは触ったこともない古《いにしえ》の音楽再生装置で、まさか自分の生活空間の中に存在することになるとは夢にも思っていませんでした。

針を落とすと、ザラついた温かで豊かな音色が流れ出す。その夜から、宇多田ヒカルのLPをかけながら眠りにつくのが習慣になりました。いつも通り過ぎていた渋谷の街角にレコードショップがあることに気づき、大量のレコードの海からお目当ての一枚を掘り当てる時、〝ディグる〟〝ジャケ買い〟という言葉の意味を身体感覚で理解するようになりました。DJやMCをしている友達何人かと、大学のキャンパスで音楽イベントを企画するようになり、いつの間にか自分もまた機材を買い、DJネームを与えられ、ささやかな音楽活動を始めるようになっていました。

異質なものが自分の専有空間に存在していると、時にそれは人生という部屋に新たな風穴を開けることがあります。その向こうに垣間見える景色が美しければ、やがて風穴は窓となり、扉となる。そう考えた時、あのクリスマスの夜のレコードプレーヤーは、間違いなく私の人生の扉を開いてくれた小さな引き金でした。

そんな人生に異物をもたらす体験を、ハーフプライベート・ハーフパブリックなホテルという空間なら再現することができるのではないかと気づいたのです。


レコードは、ある意味忘れ去られていた存在です。カセットテープに押され、CDに押され、YouTubeに押され、サブスクに押され、気づいたら倉庫の中で埃を被りながら眠っていた工業製品。でも、埃をはらって、電源をONにして針を落とせば、愛しく、懐かしく、美しい音楽を奏ではじめる。そんなレコードという存在は、弁天町の歴史的イメージと重なりあう、まさしくインダストリアルセクシーそのものでした。

全ての客室にレコードプレーヤーが設置されて、ロビーで借りたレコードを自由に聞くことができるという新しい宿泊体験は、話題となり大きく広がっていきました。大阪の辺境の港湾地区のホテルから一石を投じたアナログな取り組みは、**土地の空気感と一体化して「ここでなければ得られない」唯一無二の宿泊体験**となり、「選ぶ意味のある」ホテルブランドをはぐくんでいったのです。

似たジャンルの他の土地と比較する

土地の個性をあぶり出すための2つ目のメソッドとして、**〈似たジャンルの他の土地と比較する〉**ことがあげられます。先に述べた「界隈」の比較と同種のアプローチですが、これは分かりやすい強みや知名度がそれほどないエリアに対しても有効な打ち手となります。

突然ですが、「湯河原」と聞いて、どんなイメージを持ちますか？　箱根のさらに奥にある湯河原という温泉地は、国内の有名な温泉地、箱根、熱海、伊豆、伊東、鬼怒川、草津あたりと比べると、名前は聞いたことはあっても、訪れたことのある人は多くないかもしれません。そんな地域で、街の空気感をどう言語化し、価値付けしていったか、私たちの仕事を例にお伝えしていきます。

HOTEL SHE, OSAKAを開業して半月も経たないうちに、知人から湯河原の温泉旅館を運営してみないか？　という誘いをもらい、とんとん拍子で話が進み、数ヶ月後には運営を引き継ぐこととなりました。

正直なところ、当初私が湯河原に抱いていたイメージは、「昔のインターン先の遊び人の先輩が付き合いたての彼女とお泊まり旅行で行っていた場所」という程度のもので、私自身もあまり解像度が高くありませんでした。そこで、旅館のスタッフたちに同じ質問をしてみると、みな口を揃えて「湯河原には何もない」と断言するではありませんか。湯河原で生まれ育ったあるアルバイトの方は、「湯河原には観光地もないし、名産品もない。みかんとアジしかない!」と言います。

地元民にまで「何もない」と評される湯河原の個性とは一体なんなのか? 地元民だけでなくいろいろな人に聞き込み調査をしてまわったのですが、そこで得られた収穫といえば、「政治家が愛人と来てそう」という感想と、「かつて夏目漱石や島崎藤村が逗留していた」という情報だけでした。

思考の転機となったのは、湯河原で乗ったタクシーの運転手さんの言い放った「熱海や箱根と違ってね、湯河原には、1泊15万円で全室離れ、みたいな旅館がいっぱいあるんだよ。奥さんと行かないでしょ、そんなところ?」という台詞《せりふ》でした。

にわかには信じられませんでしたが、タクシーの運転手さんだけに、きっと数々の艶っぽい光景を目撃してきたに違いないと思うと、俄然信憑性が増しました。

思えば、湯河原と熱海は電車でわずか6分の距離ですが、土地のまとうイメージは大きく異なります。熱海は、かつて昭和の社員旅行や新婚旅行で賑わった大規模なホテルが立ち並び、ビーチは整備され、旅行客で溢れかえる商店街に、秘宝館やロープウェイなどの観光施設があります。

箱根も、湯河原からはバスで20分ほどの距離ですが、美術館などの文化施設も豊富で、恋人同士の旅行や夫婦・家族旅行で訪れる歴史ある名宿が多いイメージがあります。

でも、湯河原の駅前は、商店街や文化施設などもないため閑散としており、観光地としては、源頼朝が源平合戦の際に逃げ込んだ洞窟くらいしか目ぼしい場所がありません。宿泊施設も、駅前や街道沿いではなく、人目を忍ぶような場所にひっそりと建っていることが多く、大規模なホテルなどはほぼ存在しません。

湯河原というスコープだけで地域を捉えようとすると、どうしても視野狭窄に陥り、輪郭がぼやけてしまいますが、他の街と比較し、相対化してみることで、シャープに地域の空気感が見えてくるのです。

箱　根＝伝統的観光地、文化芸術、すすき野原
熱　海＝昭和の新婚旅行や慰安旅行、ビーチや秘宝館
湯河原＝不倫旅行、文豪、万葉集やたぬきの伝説

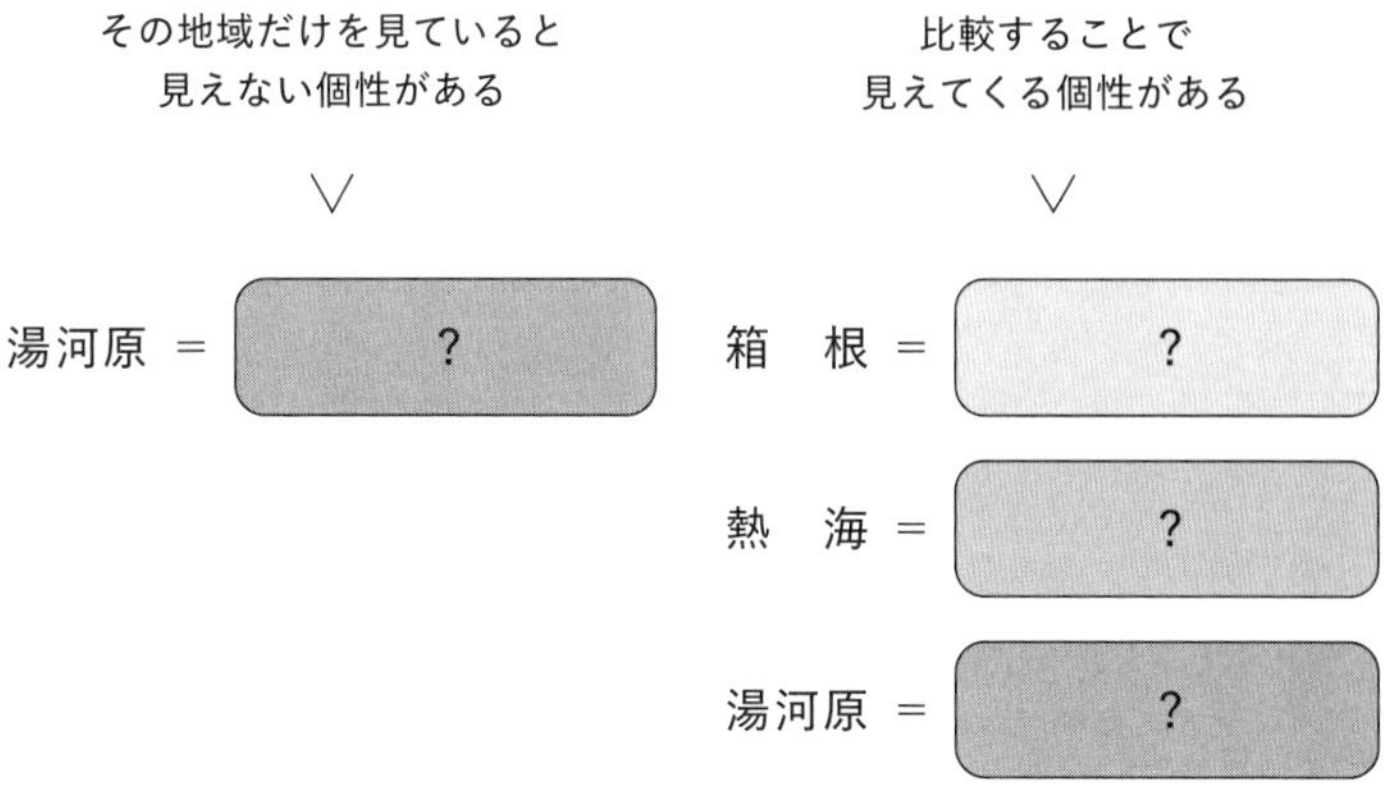
その地域だけを見ていると
見えない個性がある
比較することで
見えてくる個性がある
湯河原 ＝ ?
箱　根 ＝ ?
熱　海 ＝ ?
湯河原 ＝ ?

図10　他の街と比較することで解像度が上がる

このように街の特徴を比較してみると、熱海が新婚旅行や社員旅行など、自身の社会的な身分を再確認するような「パブリックな温泉地」、あるいは非日常体験を楽しむ「ハレの温泉地」だとするならば、**湯河原は社会的な文脈から離れ、自身の世界にこもっていく「プライベートな温泉地」であり、「ケの温泉地」である**といえます。

　こう捉えると、「湯河原には何もない」の説明がつきます。湯河原は、投宿している客が都会の喧騒やしがらみを離れ、自分たちだけの時間と空間に浸るための温泉地であるからこそ、物見遊山のための観光地は不要だし、宿や飲食店は人里離れてひっそりと店を構えていたほうがいいのです。そしてそんな旅を、アジやみかんを名産品たらしめる相模湾の暖かな気候や、たぬきが温泉を見つけたという、どこかすっとぼけたような伝説など、あたたかで素朴な空気感が包み込んでいく。

そうした湯河原の空気感を、私は**「湯ごもり」**と言語化することにしました。ただ、それだけでは、どことなく平凡で垢抜けない気がしたので、さらに一歩踏み込んで、**「湯河原チルアウト」**というキャッチコピーを考え、そこを足がかりに旅館のブランディングと宿泊企画をおこなっていったのです（その詳細は第4章で後述します）。

このように他の地域と比較し、広い視野で相対化し言語化することで、その土地の独自性が際立ってくるのです。

景色や地名から連想する

さてここで、湯河原はややマイナーとはいえ名が知られている観光地だし、それなりの文化的背景もあるけれど、もっと知名度が低く、比較対象を見つけづらい地域ではどうすればいいの？　と思う方もいるでしょう。そんな時には、〈景色や地名から連想する〉という手法をおすすめします。

実は、HOTEL SHE, OSAKAの開業準備とほぼ同時期に、北海道・層雲峡《そううんきょう》温泉にある温泉ホテルの事業承継プロジェクトが舞い込んできていました。

北海道の中央に位置する大雪山の麓の、そそり立つ断崖絶壁と日本一早い紅葉で有名な層雲峡温泉。バブル期の真っ只中に建てられた50室のホテルは、かつて多くの旅行客や登山客で賑わった気配をどこかに残しながら、静かに朽ち始めていました。

正直、私自身も、富良野で事業を始めるまで層雲峡という街を知りませんでした。旭川から道東に抜けるルート上にある温泉地のため、昨今は海外観光客が大型観光バスで乗り付けて中継地として1泊を過ごす、といった滞在が主流となっています。多くの人にとって地名すら聞いたことのない土地に、人が訪れる理由をつくらなくてはならないというハードなミッションを抱えることになったのです。

地名はブランド名であり、風景はパッケージです。そう考えると、知名度が低い地域のイメージを形にする時、湯河原のように人々の潜在意識の中にある心象風景を言語化する手法をとるのではなく、ブランド名（＝地名）とパッケージ（＝景色）の辻褄がなるべく合うように、イメージを紡いでいくのが効果的です。つまり、地名から受ける印象、景色から受ける印象を言語化して共通項を探っていく。

実際に層雲峡の地名や景色にある要素や、そこから得られる印象を書き出してみると、次のようになります。

〈地名〉

・層雲峡＝雲が層になっている峡谷
・カムイミンタラ（アイヌ語）＝神々の遊ぶ庭（≒熊がいるところ）
・雲井の滝：雲井＝雲上人がおわします場所、宮中
・羽衣の滝：天女伝説、神仙思想

〈景色〉

・柱状節理の峡谷
・深緑の白樺の森
・低い雲
・立ち込める霧
・温泉の湯気
・白糸のような滝
・そこらじゅうを歩くエゾシカ
・黒岳に棲まう熊

このように書き出してみると、層雲峡は霞《かすみ》がかっていて朧《おぼろ》げな、どことなく神秘的でオリエンタルな気配を感じさせる地であることが分かります。友人からは「なんか仙人が住んでそうだね」と言われましたが、まさに高貴な人の遣いが不老不死の妙薬を探し回った末にたどり着いた異世界のよう。

そこから、「煙に巻かれたユートピア」というキャッチコピーを考案し、ウェルネスへの関心度が高まっている社会的背景や、かつて北海道各地の農家が湯治のために層雲峡を訪れていたという歴史的背景を読み込み、「東洋医学の療養リトリート」として宿泊コンテンツを練り上げていったのです。

スリランカには、5000年以上の歴史を持つ世界最古の伝承的医学「アーユルヴェーダ」に基づいた食事や施術を、外国人旅行者に向けて提供する長期滞在型のリゾート施設があります。そこには、体質改善のために、あるいは都会で溜まった疲れをデトックスするために、世界中から旅行者が訪れ、数週間にわたってステイするといいます。

そこでふと、東アジアにもアーユルヴェーダに匹敵する歴史を持つ東洋医学があるではないか、と思ったのです。漢方薬、薬膳食、鍼灸整体といった文化は国際的に見ても価値のある文化体験です。都会から遠く離れ、険しい峡谷と森林に囲まれた霧の立ち込める秘湯の温泉宿で、東洋医学思想に基づいた、心身を癒し、回復させる体験を提供したらどうか。それは、日本の新たな観光資源となり得るはずだ、と。

そこで、本場のアーユルヴェーダ施設にならい、チェックイン後に漢方薬の専門家によって体調の問診と体質診断を行い、1日3食の食事は自身の体質に合わせたメニューをセミパーソナライズして提供。体調に応じて漢方薬も毎食処方するように設計し、東洋医学の療養リトリートとしてリニューアルしました。

毎日、鍼灸師・整体師によるケアや、瞑想のワークショップ、よもぎ蒸しなどを体験することができるうえ、温泉は杉や酒粕、大根などの季節や効能に合わせた替わり湯にし、養生にこだわったサービスを展開。

最低でも4泊5日以上の滞在のみ、という予約ハードルの高い宿泊プランだったにもかかわらず、想像を遥かに上回るたくさんの宿泊予約が入りました。本来50室あった客室を10室にまで絞り、体験価値を高め、客単価を上げ、滞在日数を長くすることで、ゲスト対応や清掃の工数を削り、スタッフに生まれたゆとりをサービスに還元しました。

内装をいじったわけでもなく、増員をしたわけでもなく、大がかりな追加投資をすることなく、地名や景色から新たなイメージを紡ぐことで、宿泊体験の価値が変化することを実感したのです。

「最果ての旅のオアシス」が生まれるまで

土地の空気感を言語化することについての総括的な事例として、２０１９年に、開業から3年しか経っていないにもかかわらず、HOTEL SHE, KYOTOをフルリニューアルした時のことをご紹介させてください。この時も、私たちのホテルが東九条にある意味について深く考えながら、土地の空気感を紡ぎ出したように思います。

京都のような国際的に知名度が高く、長らく観光地として栄えてきた街ほど、「京都＝歴史と伝統、寺社仏閣、抹茶、舞妓」といったステレオタイプに塗り固められたイメージが染みついていることが多々あります。私はこれを「昭和の旅行パンフレットのような地域ブランドイメージ」と呼んでいます。

もちろんこうした定型のイメージが世界中の人々の心を捉え、大いなる誘客効果をもたらしてもいますが、あまりに商業化されすぎたブランドパッケージは街の実態と乖離してしまう側面もあります。実際、京都人のほとんどは花街には遊びに行かないですし、レトロ柄の着物も着ませんし、洋食文化が根強く、コーヒーとパンとケチャップの消費量なんて日本一。

そんな肥大化した「街のブランドイメージ」を少しずつ引き剝がして、その根っこにある京都という街に流れる空気を宿泊体験に織り込みたいとかねてより思っていました。

京都・東九条でホテルを営むことの意味を言語化する、というのは難易度の高い取り組みでした。京都という場所も、東九条という場所もそれぞれの難しさがある地域です。そこでまず、私は複雑な問いをシンプルな問いに因数分解して考えてみることにしました。

①京都とはどんな街か？
②東九条とはどんな街か？
③ホテルとは何か？

①京都とはどんな街か？

京都は、世界的にみてもトップクラスの、千年以上の長い歴史を持ち、貴重な文化遺産が人々の生活圏に多く残る、日本の精神的な拠り所のような街です。一方、大学が多いことから、若者たちによってユースカルチャーが育まれ、独特なモラトリアムな空気感から生まれる音楽・芸術もあります。京都は、どこからまなざすかによって、その解釈は幾重にも広がってゆく街です。

京都の碁盤目状の街区に、「整然とした街」という印象を持っている人も多いと思いますが、私にとって京都はどこか混沌とした街のように思えます。さまざまな対立する二元的要素——新しいものと古いもの、東洋と西洋、清らかなものと穢れているもの、常世と浮世——それらが長い歴史の中で地層のように折り重なり、マーブル模様を描いているように感じられてなりません。

②東九条とはどんな街か?

私は、中学校に上がる春に、東京から京都に引っ越してきたのですが、通っていた中学は、京都市内のみならず、関西の各地から生徒が通ってくるような学校でした。そこでは「どこに住んでいるのか」が重要でした。京都府外なのか、府内なのか。京都市外なのか、市内なのか。京都市内だとしたら〝いわゆる京都〟かどうか。

誰がどこに住んでいるかは、友達同士の格好のいじりのネタでした。当時私は、七条河原町に住んでいましたが、友人から「大丈夫!　七条までは京都やから」と言われたことがずっと記憶に残っています。それくらい「どこに暮らしているか」が重い意味を持ってしまう街なのです。

２０１６年にHOTEL SHE, KYOTOを開業した時、友達から「九条とか地の果てやん。行く用事がないわ」と言われました。取材に訪れた別の人には、「京都と京都でないところを隔てるための屛風として京都駅があるのに、なんでまたこんなところにホテルを?」と尋ねられたこともあります。

HOTEL SHE, KYOTOの所在する東九条は、京都駅から烏丸通を南に徒歩10分、地下鉄でいえば九条駅が最寄りの場所です。にもかかわらず、ここにはオフィスビルはなく、民家や店舗もまばらで、確かに九条で地下鉄から降りる用事はほとんどありません。

東九条は複雑な歴史を持つ街ですが（興味のある方は映画『パッチギ!』をご覧ください）、ここは京都駅にほど近いにもかかわらず、〝いわゆる京都〟の仲間には入れてもらえず、京都タワーを北に見上げる街でした。この地で事業を営んでいる中で投げかけられた無数の冷たいまなざしと言葉。言っている側に悪気はないのかもしれませんが、愛とリスペクトに欠ける視線をなんとか溶かしていきたい、と思っていました。

③ホテルとは何か?

自分の心象風景を探ってみると、私にとってのホテルの原風景は、ホテルそのものではなく、そこに向かう途上にあるような気がします。

車から降りる瞬間を今か今かと待ち続ける夕闇の荒涼としたアメリカのハイウェイ沿いの光景。寒空の下、重い荷物を引きずりながら駅からビジネスホテルまでの閑散としたビル街を歩き続けた夜道。疲労感と退屈が入り混じり、果たしてたどり着くことができるのかという一抹の不安を抱えながら、そこに目的地があると信じて歩み続けることができる蜃気楼の中の安寧の地……。

ホテルは、世界最古の職業のひとつだといわれています。旅先で宿に泊まり身体を休めるというのは、人類の原初的な営みかもしれません。

峻険な山道に疲れ切ったヨーロッパの巡礼者たちが駆け込んで手当を受けたという修道院。遠路遥々《はるばる》寺社を参拝に訪れる貴族や庶民たちの生活の世話をしたという宿坊。商品を載せたラクダを引き連れて、果てしない砂漠道を旅する商人たちを迎え入れたオアシス都市のキャラバンサライ――。そこにホテルがあるから、人は歩みを進め、さらに先を目指す。そこにホテルがあるから、人が増え、店が増え、やがて都市となっていく。荒野に人の流れを生み出し、街を豊かにしていくオアシスのような存在が、ホテルなのです。

そんな思考を経て、京都を南北に貫く烏丸通沿いに佇む HOTEL SHE, KYOTO を見つめ直した時、幼少期のアメリカ横断の旅で目にしたハイウェイ沿いのロードサイドモーテルの光景と重なり合うような気がしました。

荒涼とした大地を真っ直ぐに貫くハイウェイと、突如として現れる一軒のモーテル。長い道のりをたどってきた旅人たちが羽を休め、また遠くへと旅立っていくことのできる安息の地。そんな束の間の休らぎの空間は、さまざまな物語が生まれる可能性を秘めています。砂漠に現れるオアシス都市のように、人が集まる目的地となり、新たなカルチャーが芽吹く場として。

そこには、70年代の名盤、イーグルス『ホテル・カリフォルニア』のイメージも重なります。コリタス（サボテン、ドラッグの隠喩）の香り立つ砂漠のハイウェイを走り抜ける車。甘い香りで気が遠くなって、ロードサイドのホテルに車を止める。中は感じのよいホテルマンと宿泊客たちで盛り上がっており、心地いい時間が流れている。しかしそこは実は快楽主義者たちが集うホテルで、いざチェックアウトしようとしても離れることができない……。そんな、厭世的《えんせい》で、甘く退廃的な世界観を歌った名曲が、HOTEL SHE, KYOTOの世界観にどこかオーバーラップするように感じられました。

そうしてHOTEL SHE, KYOTOは「**最果ての旅のオアシス**」**というキャッチコピー**にたどり着いたのです。

〝最果て〟と見なされ、投げかけられる視線を笑って受け止めながら、そこに旅人を呼び込み、人の流れを生み出し、土地の物語を塗り替えていく。土地の空気感を言語化する時、心象風景に根ざした、訴えかけたい強い思いを共存させることもまた大切なのです。

シビックプライドを高めるエリアブランディング

HOTEL SHE, KYOTOを開業してしばらくした頃、地域の人にこう話しかけられました。

「ここにホテルができる前は、この通りはほんまに暗いところやったんです。ホテルができて、人がたくさん来るようになって、本当に歩きやすくなった」

確かに開業する前は、夜道を出歩くのも憚られるようなひっそりと静まり返った場所でしたが、気づけばスーツケースをガラガラと引きながら、旅先の明るく華やいだ空気を身にまとった若者が楽しげに歩く通りになっていました。

HOTEL SHE, OSAKAを開業した時もそうでした。弁天町が地元だという中年の女性が、「地元におしゃれなホテルができたって、友達に自慢しに来てん！」と言いながらホテルに入って、カフェラテをオーダーしていました。ブルーのベロアのソファに腰掛けながら、「めっちゃおしゃれやなあ」と言いながら、友人とコーヒーブレイクを楽しむその姿に、昼下がりの光が暖かく射し込んでいたのを覚えています。

人は誰しも、自分の地元や暮らす街を愛したい。でも、さまざまな要因（知名度の低さや、コンテンツの少なさや、地域イメージのなさ等）でそれが叶わない、あるいは愛しているけれど自分の言葉で説明できないことも少なくありません。地域へのイメージのなさ（社会に知られている魅力の少なさ）がそこに暮らす人の自己肯定感にも影響を及ぼしているのを肌で感じてきました。

かつて人の流れが途絶え、廃墟街となりかけていた熱海は、近年では昭和情緒を楽しめる観光地として再び脚光を浴びていますが、その原動力となった中心人物のひとり市来《いちき》広一郎氏は、著書『熱海の奇跡』（東洋経済新報社）の中で印象的なエピソードを書いています。

バブル崩壊以降、下降線をたどっていた熱海。地域の住民はみな意気消沈し、「熱海には何もない……」と地域への愛と誇りが揺らいでいたそうです。そんな中で、東京からUターンしてきた市来氏が最初に取り組んだことは、毎週末に地元の人に向けて、熱海ローカルの、レトロな純喫茶やスナックバーをめぐるツアーを企画することでした。

この取り組みの本当の狙いは熱海に住まう人たちのマインドセットに大きな変化をもたらすことだったといいます。「何にもない街」にある「普通の店」と思い、見向きもせず通り過ぎていたところに、実際に足を踏み入れ、体験する。地元の住民が地元の知られざる価値について知っていく、そんな日々が続いた先に、「もしかして熱海って実は魅力的な街なのかな?」という希望と期待が芽生え、やがて熱量が少しずつ上がり、シビックプライドへと昇華していったことが、街に変化が生まれた土壌となったのだそうです。

このシビックプライドの高まりのスタート地点にあるのはやはり、地域の空気感の解像度を上げ、新しい価値を見出すという営みなのです。それは、観光客の方だけを向いているのではなく、そこに暮らす人々にとっても精神的な拠り所になっていきます。

そういう意味でも、ホテルとはメディアだと思います。それは、訪れた人に五感を通じて地域の風土を伝えることのできる演出装置であると同時に、未だ訪れぬ客に地域の存在を伝えるランドマークでもある。その街に住む人々ですら気づいていないような、土地の空気感をまとったホテルが地域の魅力を発信する拠点となることで、地元の人々が自分たちの土地に誇りを持つ——そんな理想的な共生関係を築いていけるのです。

街のストーリーや歴史を深掘りし、地名から広がるイマジネーションを膨らませ、その土地にしかない固有の空気感を言語化する——それが未来につながる非連続な変化を生むのです。

COLUMN

空気感を言語化することの功罪

土地のまとう空気感を言語化するうえで、いくつかの注意点があります。

私はよく、ある種の思考実験として、地域をひとつの商品と見立てて、カスタマージャーニーを分析したり、マーケティング戦略を考えたりしています。そのうえで、本来、地域や自然・文化といったコモン（共同体の共有財産）は商品でもなければマーケティングの対象でもないという自覚を持つことが大切だと考えています。

もちろん、地域を商品として捉えることで、地域で事業を営む人々や、観光誘致に取り組む自治体などからすれば、マーケティングフレームワークを扱いやすくなるメリットはありますが、その土地に街があり、人が訪れる価値があるのには、先人の築いた資産や、現在進行形で人々が営む生活の姿があるからであり、そこへの敬意が欠落してしまうと、連綿と続いてきた地域の営みを蹂躙《じゅうりん》してしまうことになりかねません。

そもそも観光業や観光開発という営み自体が、(互恵的な部分があるにしても)資本を媒介にして支配―被支配構造を生み出し、強化してしまう側面があります。無自覚にその構造に加担してしまうことがないよう、自戒的に、土地の歴史と文化に敬意を払えているかを自問自答し続けるスタンスが重要だと私は考えています。

また、人はさまざまなバイアスを持っています。時代や地域の空気感を言語化する際に、唯一の正解があるわけではありません。

その土地に住んでさえいれば正しく言語化できるわけでも、外の人間だからといって誤っているわけでもない。権威ある人や大企業の考えだからといって手放しに賞賛することもありません。ひとつ言えるのは、確からしく思えるものでも、個人の原体験と色眼鏡に基づく、多くの人にとって納得感のあるひとつの解釈に過ぎないということです。

空気感という、ふわりと曖昧に漂っているものを言葉にする、形あるものに固定化するという行為が、ある種の暴力性を孕むことを自覚したうえで、できる限り誠実に向き合っていくことが不可欠だと思っています。

第4章

インサイトを深掘りする

――消費者の心理を刺しにいく

なぜ消費者心理をつかむのか

ここまで、クリエイティブジャンプの下地として取り組むべき2つの重要な要素について扱ってきました。自身の持つ「アセットの再定義」により、既存の枠を超えてより多くの（あるいは未開拓の）市場やシーンに対して価値を提供するための接点をつくりやすくなること。世の中の「空気感を言語化する」ことで、向かうべき大きな方向性が見えることについて説明してきました。

「自身」、そして「世間」について考えてきましたが、第4章では、いよいよ本題——「顧客」に目を向けてみましょう。

そもそも、なぜ顧客心理を捉える必要があるのでしょうか。それは、**外部からの直接的な働きかけで人の行動を変えるのは非常に難しく、効率が悪いから**です。

イソップ童話の「北風と太陽」の話は、非常に分かりやすい例です。旅人の外套を脱がせようとぴゅうぴゅうと北風を吹き付けても、旅人はかえって外套を失うまいと強く押さえ込んでしまいます。代わって、太陽がぽかぽかと照り付けると、旅人は暑くなって外套を脱いでしまう。旅人は外套を脱ぐように、と指示されたわけでも、諭されたわけでも、強要されたわけでもなく、〝つい脱ぎたくなってしまう〟状況になったことで、思わず脱いでしまったわけです。

これと似た現象は往々にしてビジネスの世界でも起きています。広告をたくさん見かけても、営業メールをさんざん送り付けられても、「リタゲ（リターゲティング：特定のWebサイトを訪問した人に対して繰り返し同じ広告を当てること）されているな」「どこかに個人情報漏れたかな」と思うだけで、そのサービスやプロダクトへの関心度が上がるわけではありません。

あの手この手の販促施策よりも、「思わず欲しいと思ってしまう」ようなお客さんの心の底にあるツボを押してあげることのほうが大切なのです。

例えば、あなたが旅館の経営者だったとしましょう。

東京の大学生たちに、湯河原の温泉旅館に泊まりに来てほしい、と思った時に、どんな打ち手が考えられるでしょうか。誰でも思いつく施策としては、「学割プラン」や「女子旅プラン」などを企画したり、大学のサークルや部活に営業をしたり、生協や大学生向けの旅行代理店に取り扱ってもらったり、免許合宿の提携施設に加盟したり、といったことが挙げられるでしょう。

もちろん、そのどれも間違いではありませんが、効率がいい施策かといえば違います。なぜなら、これらの施策はいずれも〝ただ売りつける〟方法を考えているに過ぎないからです。

大事なのは、「人が思わず○○してしまう」状況をつくり出すこと。「学割プラン」を実施すれば単価が下がるし、サークル・部活動への営業を強化しようと思えば人件費がかさみ、旅行代理店に取り扱ってもらえば送客手数料を支払わなければなりません。いずれにしろ、利益を削って集客する構造になってしまう。

でも、もし何らかの施策を通じて「大学生たちが思わず湯河原まで足を運びたくなる」状況をつくり出すことができれば、あとは向こうからお客さんが自然と予約をしてくれる。本来取り組むべきは、彼ら・彼女らが「思わず行きたくなる」ような価値をつくることなのです。

経営学の父ピーター・F・ドラッカーもこのように言っています。

「マーケティングの理想は、販売を不要にすることである。マーケティングが目指すものは、顧客を理解し、製品とサービスを顧客に合わせ、おのずから売れるようにすることである」(『マネジメント 基本と原則』ダイヤモンド社)

インサイトとは何か

ではどうすれば「思わず○○してしまう」ような魅力的な商品を生み出すことができるのでしょうか？

そのために必要なキーワードは、「インサイト（insight）」です。マーケティング用語として聞いたことのある方もいるかもしれませんが、実はインサイトの定義はまだ定まりきっておらず、十分に要点が理解されていない例も見られます。

私の考えでは、**インサイトとは、消費者の行動原理やその背景にある意識構造を見抜いたことによって得られる、「人々の無意識下にある、消費行動を刺激するスイッチ」**のことです。消費者のインサイトを刺激する商品開発や販売促進を行うことで、購買意欲を喚起することができます。そのためには、「この人はこういうインサイトを持っているのではないか？」という仮説を持って世の中を眺めることが大切になってきます。

人の意識はよく氷山に例えられます。自分自身で認識している（＝海面から見える）顕在意識はほんのごく一部だけで、その他の大部分はほとんど自分自身でも何が起きているかよく説明できない（＝海中に潜んでいる）潜在意識によって構成されているといわれています。特に、情報量の多い現代社会においては、人々の行動原理は多様化・複雑化しており、自身の行動の背景や動機を整理して分かりやすく説明することはほとんど不可能に近い状況です。

例えば何か買い物をする時に、「なぜそれを選んだのか」を毎回論理的に説明できるでしょうか？　おそらく、「なんとなく」選んでいることが多いのではないかと思います。

あるいは、とある旅館に宿泊した大学生に「なんでこの宿を予約したの？」と尋ねても「価格が手頃で、客室が綺麗で、食事が美味しそうだったから」といった凡庸な答えが返ってくるだけでしょう。往々にして人は、自分がどのような潜在意識に突き動かされて行動しているかを正確に認識できていないのです。

そのうえ、人の心理は正直でもありません。そこにはしばしば「本音と建前」の二重構造があります。人は誰しも自分をよく見せたい、よく思いたい生き物ですから、認識している自分の感情と、本当の感情にはギャップができてしまいがちです。

例えば、上記の大学生が旅館を選んだ本音の感情としては「仲居さんがいたり、部屋食が出てくるような旅館に恋人と泊まるのが大人っぽくて憧れるから」かもしれません。その深層心理には「余裕があって大人っぽい自分を恋人に対して演出したい」「甲斐性がある人だと思われたい」という願望があるのかもしれません。

人は自分の感情のほとんどを自覚できていない

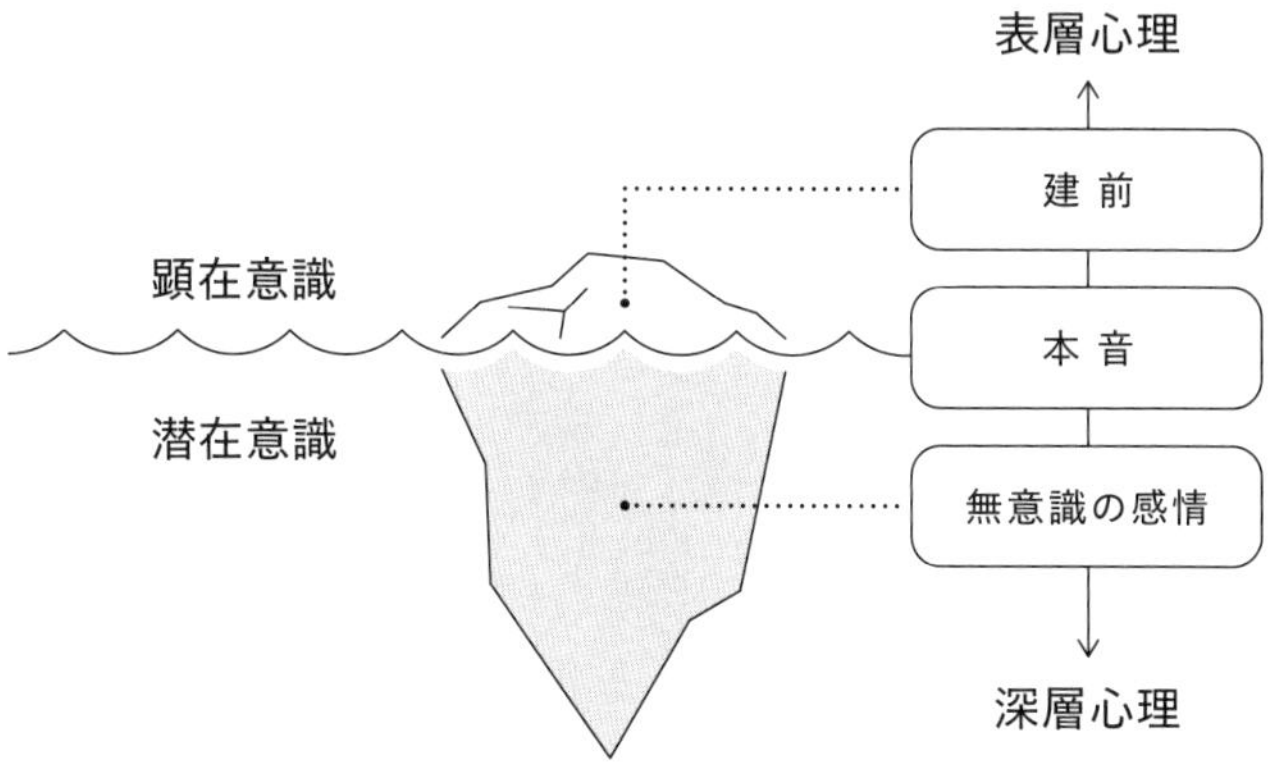

マグマのような無意識の感情は、
インサイトという噴出口から消費行動として現れる

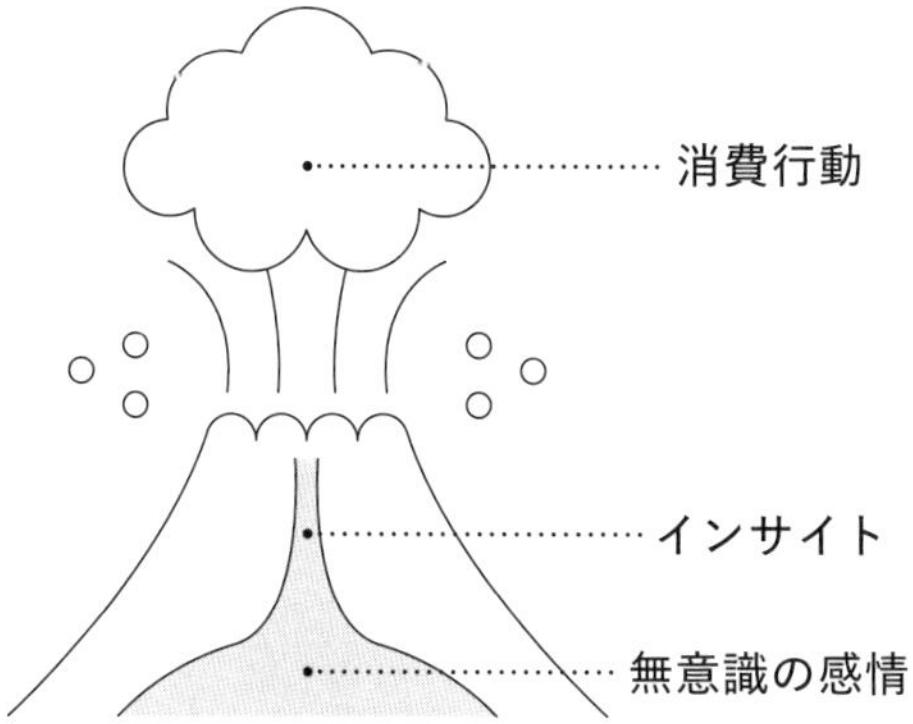

図11　インサイトとは何か？

あるいは、恋人をちょっといいレストランに連れて行く時、顧客は「美味しい食事をしたい」「恋人を喜ばせてあげたい」「思い出をつくりたい」と自分では思っています。しかし、その潜在意識の中には「単価の高い食事をご馳走しておくことで、将来起こるかもしれないトラブルを回避したい」「自分の誕生日や記念日にはもっといいレストランに連れて行ってほしいので、それとなく期待水準を伝えたい」といったインサイトがあるかもしれません。

このように、潜在意識下に眠っている、一見ギクッとしてしまうような無自覚の願望が、人を消費行動に駆り立てるのです。**インサイトとは、潜在意識下にドロドロと存在する感情や願望を、消費行動として顕在化させるための噴出口のようなもの**、ともいえます。

インサイト（insight）の直訳が「洞察・発見」であるように、「この行動をする人々の中にはこのようなインサイトがあるのではないか?」という仮説をもって洞察し、見抜いていくことが重要になってきます。

インサイトとニーズの違い

インサイトは、一見「ニーズ」と似ているように見えますが、似て非なる概念です。ニーズが、消費者自身が自覚している欲求そのものであるのに対し、インサイトはあくまで**マーケターが洞察力を駆使して、ひとつの仮説として見出す「消費者が無自覚に抱いている欲求のツボ**」です。

ニーズは、消費者自身が自覚している欲求なので、参考の価値はありますが、（自分をよく見せたいという心理も働くため）信憑性には疑問が残ります。一方、インサイトは行動観察や解釈を通じて得られた消費者の行動原理への仮説であり、検証を通じてその妥当性が確認されるものとなります。

有名な話ですが、インサイトとニーズの違いを端的に説明する事例があります。

２０００年代初頭のマクドナルドでは顧客インタビューを通じて「マクドナルドは健康に悪そうだ」というイメージが持たれていることが課題となっていました。そこで、アンケートで多く寄せられていた「健康志向の高いサラダなどのメニューをラインナップに追加してほしい」という声を踏まえ、実際に野菜をたっぷり使った新メニュー『サラダマック』を発売。ところが、これが期待に反して全くの不発で、あえなく販売終了となってしまったのです。そんなはずがない、あれだけアンケートにお客さんのニーズが寄せられていたのに……となっても後の祭り。

でも、よくよく考えれば、健康的なものが食べたい気分の時はそもそもマクドナルドには行かないですよね。にもかかわらず、マクドナルドに来ている顧客は実際の行動原理とは違う欲求を伝えてしまっていたわけです。本当のインサイトとしては、「普段抑えているジャンクフードを食べたいという欲求を、多少の罪悪感を覚えながらも思いっきり解放したい」といったところでしょう。

マクドナルドが本質的に提供している価値は、「ジャンキーさ」という健康とは対極の存在だったわけです。実際、その後に発売された、肉とカロリーを大幅に増量した『クォーターパウンダー』や『サムライマック』は、「大人を、楽しめ」「行きたい道を切り拓け。」という、ジャンクフードへの欲求を肯定するコピーとともに大ヒット商品となりました。

このように、顧客が自覚しているニーズと、実際に消費行動に移るための行動原理であるインサイトはしばしばズレが生じます。「データは事実であるが真実ではない」という言葉があるように、ニーズは時として嘘をつく。最近の脳科学の調査によると、消費者は自分の好みや望みを明確に伝えるどころか、「認識すらできない」ともいわれています。だからこそ、顧客の声を鵜呑みにせず、そこから深掘りをして仮説を見出していくプロセスが必要になるのです。

インサイトをつかんだマーケティング事例

消費者の欲望のツボであるインサイトをうまくついて、顧客の行動を変容させたエピソードをいくつかご紹介しましょう。

１９８０年代のアメリカ・カリフォルニア州では牛乳の消費量が年々下降線をたどっていました。焦る牛乳メーカーの組織「カリフォルニア牛乳協会」は、テレビＣＭを打って牛乳を飲むメリットを顧客に訴求します。牛乳は健康に良い、牛乳を飲むと背が伸びる、牛乳にはリラックス効果がある……。しかしながら、いずれも大きな成果にはつながりませんでした。

それもそのはず、消費者視点で考えてみれば、これらはいずれも「牛乳を思わず飲みたくなる」ようなメッセージになっていません。では、どうすればそんな心理状態になるのでしょう？

牛乳協会は、その謎を解き明かすためにある実験を行いました。多数の協力者を集めて、たったひとつだけ、ルールを伝えました。「今日から２週間、何があっても絶対に牛乳を飲まないように」と。そして実験終了後、協力者たちに、牛乳を禁じられている間、痛切に

「牛乳が飲みたい！」と思ったのはどんな時だったのかをリサーチしたのです。

結果、明らかになったのは、牛乳を飲みたくて仕方なかったと多くの人が感じた瞬間は、健康になりたいと思った時でも、背を伸ばしたいと思った時でも、リラックスしたい時でもなく、**「ボソボソのクッキーを食べている時」**だったということでした。これこそが、消費者が牛乳に対して抱えているインサイトだったのです。

消費者は、パサパサのタルトやモソモソのパンを食べ、口の中の水分が持っていかれた時に、咀嚼《そしゃく》物を流し込むために牛乳を飲みたいと思っていたのです。

このインサイトを探り当てた牛乳協会は、牛乳の売り方を大きく転換させました。牛乳売り場ではなくお菓子売り場に「Got Milk?（牛乳も買った？）」と書かれた広告を掲示したり、ガールスカウトクッキー（スーパーなどの前でガールスカウトの少女たちが活動の資金集めのために手作りクッキーを売る行事。アメリカの春先の風物詩）の時期にボーイスカウトの少年たちが牛乳を販売するキャンペーンを行うなど、**クッキーを美味しく食べるのに欠かせない相棒として牛乳のプロモーションを展開し、売上を大きく伸ばすことに成功した**といいます。つまり、クッキーをトリガーに「牛乳を飲みたい」という無意識下の欲求のツボを刺激したのです。

あるいはこんな事例もあります。

『Liquid Death（リキッド・デス）』というアメリカのスタートアップが売っているのは、ドクロがあしらわれたヘビメタ風のいかついデザインの缶に入った、100%ただの水。現代の若い世代はアルコールを嗜まない方も多く、かといってクラブやバーでペットボトルに入った水やジュースを飲むのはダサくて恥ずかしい……というインサイトを刺して生まれた商品です。『MURDER YOUR THIRST（渇きをぶっ殺す！）』というファンキーなキャッチコピーをはじめとしたユニークなクリエイティブも相まって、スーパーやクラブ、フェスなどに販路を広げ、にわかには信じ難いですが日本円にして年間190億円もの売上があるのだとか。

他にも、最近空港にずらっと並んでいるガチャガチャも、海外観光客のインサイトをうまくついた事例です。旅行が終盤に向かうにつれ、現地通貨を使い切りたいような感覚に駆られる方は決して少なくないでしょう。空港に着いてしまったら最後、外貨両替所で手数料を払って自国通貨に戻すしかないですし、何よりなんだか味気ない旅の終わりになってしまいます。そんな時、空港にガチャガチャがあれば、小銭も消費できるし、お土産も手に入るし、日本でしかできないユニークな体験もできるしで一石三鳥です。実際、成田空港においてあるガチャガチャは400台近くにも及び、通常の機体の3倍近い売上があるのだそうです。

このように、生活者心理を理解し、インサイトを的確に捉えることで、事業に大きな確変をもたらすことができるのです。

インサイトの掘り起こし方

では、具体的にインサイトはどのように発見すればいいのでしょうか？

繰り返しになりますが、インサイトはあくまで、人々の消費行動のトリガーとなる潜在的な感情が一体なんなのかを洞察し、導かれた仮説に過ぎません。よく、アンケート調査やグループインタビュー、行動観察調査などが手法として提示されますが、他人の中に答えを探しにいけば必ず見つけられるというものでもありません。

むしろインサイトは、自分自身の中にあり、潜在意識を言語化することを通じてしか獲得できず、さまざまな調査は、いずれも多角的な視点を通じて自分自身を客観視する補助となったり、たどり着いた仮説を補強・検証するための手法に過ぎないのです。

ですから、インサイトを掘り起こすために、**日頃から自身の無意識を言語化していくトレーニングを積む**ことが重要になってきます。

ここで分かりやすく、仮にあなたが洗剤メーカーのマーケティング担当者で、新商品のコンセプト開発のために洗濯をする人のインサイトを探っていると仮定しましょう。「洗濯をする人のインサイトとは何だろう?」と漠然と考えても堂々巡りになりがちですが、3つのステップに分けて考察することで、糸口が見えやすくなります。

①行動シーンを想像する

まず、自分自身が洗濯をしている瞬間をイメージしてみます。

正直なところ、一度でも着用した服は必ずその日のうちに即座に洗濯する、という人はあまり多くないでしょう。デニムや部屋着などであれば何日か着回す人もいれば、しばらく洗濯物を溜め込んでから重い腰をあげて洗濯をする人もいます。自分が普段、どのような状況で、どのように洗濯をするのか、典型的な状況をイメージしたり、過去の記憶を遡ってみます。

②行動の背景を言語化する

そのうえで、自分が過去に「洗濯をする」という行動をとった理由を言語化し、羅列してみましょう。

・暑くて、汗をかいた日だったから
・居酒屋に行って、匂いがついたから
・洗濯物が大量に溜まっていたから

③なぜ？　を問い直す

ではなぜ、このような理由があったら洗濯をしたくなるのだろうか、と問いを重ねて深掘りしていきます。「なぜ？」を繰り返していくことで、新しい視点での気づきを得られたり、自身の欲求のツボであるインサイトを発見しやすくなります。

・暑くて、汗をかいた日だったから
↓（なぜ？）汗をかいて臭くなった服を着たくないから
↓（なぜ？）周りの人に「この人、洗濯していないのかな」「風呂に入っていないのかな」と思われるのが嫌だから
↓（インサイト）人に自信を持って近づける自分でいたい
・居酒屋に行って、匂いがついたから

↓（なぜ？）自分からタバコや油の匂いがするとテンションが下がるから
↓（なぜ？）可愛い女の子からはするはずのない匂いだから
↓（インサイト）自分からいい匂いがするとテンションが上がる

・洗濯物が大量に溜まっていたから

↓（なぜ？）部屋が散らかっているように感じられて、自己嫌悪に陥るから
↓（なぜ？）洗濯は、散らかった衣類をまとめてボタンを押すだけで、少し部屋が片付くので手軽に達成感を感じられるから
↓（インサイト）自己管理をしなきゃと思い立った時に、最初に着手するのが洗濯

インサイトを発見してみよう、と言われると、一見とっつきづらく感じられるかもしれませんが、このように分解して考えるだけで、理路整然とインサイトとなる仮説をいくつも導くことができるようになります。一つひとつの思考のプロセスは難しいことではなく、無意識で日頃自分が考えていることを言語化しただけですが、それでも人が洗濯をするという行動の背景にある深層心理を炙り出すようなキーワードが見つかるのです。

実はこれは、実際にあった洗剤の新商品開発の事例を参考にしています。２０１０年に、ライオンは液体洗剤「ナノックス」を発売しています。従来の洗剤は、「驚きの白さ」とい

ったキャッチコピーに代表されるように、高い洗浄成分による洗い上がりの白さを訴求することが主流でした。しかし、当時すでにマーケットが成熟しきっていたこともあり、その訴求軸ではいまいち市場の反応が良くなかったそうです。

そこでライオンでは、消費者に対して調査を行ったところ、服の匂いを嗅いで確かめて洗濯するかどうか判断している人が多数いることが明らかになりました。汗の匂いやタバコの匂いなど、服に匂いが染み付いているかどうか、そして匂いが取れているかどうかが、服の清潔さを判断する基準となっていたのです。

つまり、**「洗濯をするかどうかの判断基準は汚れではなく匂い」というインサイトが存在していた。**これを踏まえて「匂いを落とす洗剤」であることをCMなどで訴求した結果、半年で目標の130％となる売上を達成したといいます。

先の3ステップの手順を踏みながら少し考えてみるだけでも、ライオンが発見したインサイトに近いものが出てきたことが分かるはずです。もちろん、ライオンの場合はインサイトの仮説を精緻に検証したうえでマーケティング施策に落とし込んでいるため、単純比較はできませんが、このアプローチでかなりいい線までたどり着くことができるようになります。

湯河原の温泉旅館を救ったインサイト

では、これらインサイトを発見するための思考フロー（自身の視点を特定のシーンに置き、演繹的に思考を掘り下げ、潜在意識を言語化していく手法）を使って、私たちが実際に宿泊施設の業績成長を果たした事例をご紹介しましょう。

２０１７年に、湯河原で温泉旅館の経営を始めた時のこと。無事にオーナーさんから運営を引き継いだものの、そこからどのように事業を伸ばしていくべきか悩んでいました。

というのも、引き継ぎの時期が11月だったこともあり、次の繁忙期である3月まで、長い閑散期に直面していたのです。想像よりも低空飛行な稼働状況に、社内会議では併設されているカフェの休業が検討されるほどでした。

カフェ休業を回避するために、「私がなんとか方法を考えるから」とメンバーを前に大見得を切ったはいいものの、具体的に何をどうしたらいいかは全く見えず、なんとか手探りで挽回策を打ち出す必要に迫られていました。

そこで手始めに、私たちが置かれた状況を、**事実、ボトルネック、考慮すべき制約、ありたい姿**という4つの観点から冷静に整理してみました。

まずは〈事実関係〉の洗い出しです。

・**ロケーション**：湯河原駅から車でおよそ10分で、周りに観光施設や商店、景勝地はほとんどない。眺望も一般的。

・**ハード面**：客室はこぢんまりとしているが、改装済みのため内装は綺麗。温泉は男女別に内湯がひとつずつあり、露天風呂やサウナはない。

・**ソフト面**：接遇スタッフは地域の主婦や大学生が中心。厨房スタッフは一般的な飲食店の調理経験者。懐石やフレンチなどの調理スキルを持つ者は多くない。

・**運営状況**：稼働率は50％、直接予約の割合は5％、売上額、利益率ともに向上の余地あり。

・**ユーザー**：日本人顧客が70％近くで、属性としてはファミリー、恋人同士、友人同士、企業合宿のための法人利用など。インバウンド比率は33％だが、主な訪問目的地は「箱根」。

・**市場**：湯河原町の訪問者は、年齢別では「60代以上」、訪問回数別では「10回以上」が最多。20〜30代の比率は10％以下。

・**競合**：周辺は高価格帯の宿と低価格帯の宿に二分されている。客単価5万〜10万円程度の、食事や温泉にこだわった高級旅館が主流。駅前には客単価が1万円を切るような温泉ホテルや、民宿などが散見される。

事実調査から明らかになったのは、**湯河原というエリアの客層と施設とのミスマッチ**でした。神奈川県の観光統計を分析すると、都内在住・中高所得層の中年〜高齢にかけての夫婦が、馴染みの宿を毎年訪れている様が浮かび上がってきました。長年にわたって常宿を訪問し続けている彼ら・彼女らは当然、目も舌も肥えているため、新規開業した若者が運営する宿に訪問する可能性は限りなく低いと考えられます。実際に、このイメージのギャップに由来すると思われるレビューも散見されていました。

そして引き継ぎ前にメインターゲットとして想定していたインバウンド層は、蓋を開けてみると総宿泊者の3分の1しかいませんでした。それもそのはず、インバウンド客の多くはＯＴＡで宿を予約するのですが、湯河原の知名度の低さゆえ、そもそも検索にひっかからないのです（そのため引き継ぎ前は海外向けＰＲ会社と契約していましたが、私たちが続けるにはコスト的に厳しいものがありました）。

つまり、「狙っているターゲットと実際の顧客像にギャップがある」「施設のスペックが〝いわゆる湯河原の温泉旅館〟に期待されるものと異なっていることから、一般的な集客方法では成果が見込みづらく、満足度低下につながりやすい」――この2つの〈ボトルネック〉があることに気づきました。

さらに、この温泉旅館は賃貸借契約だったため、改装や修繕の自由度が低いという〈考慮すべき制約〉もあり、ハード面ではなく、ソフト面のみでの訴求を検討する必要があったわけです。

厳しい条件下でしたが、運営を継続していくために、早急に営業利益の出る状況をつくらねばなりません。具体的には、閑散期にそれなりの客単価で直接予約が入る状況をつくることを〈ありたい姿〉として掲げました。

シャープにターゲット像を設定する

そこで私たちは思い切って、ボトルネックの遠因となっていた「インバウンド向け」のコンセプトを見直すことを決意します。

と同時に、国内客のマジョリティ顧客である中高年をターゲットから外すことにしたのです。施設の特徴などを踏まえると、湯河原で古くから続く伝統と格式ある旅館と張り合いづらく、中高年のゲストの期待に応えるのは難しいと考えたからです。

逆張りで私たちが目をつけたのは、それまでの湯河原が全く取り込めていなかったマーケット――主に東京に暮らす20～30代でした。総部屋数11室、最大60名の宿なので、年間で必要な集客数は約３０００組程度。この規模であれば、パイの少ない若い世代をターゲットにしても十分に勝負できるのではないか、と考えたのです

手始めに、内装やサービスを国内客向けに整え、じゃらん、楽天などの国内向けのＯＴＡを整理しました。

つづいて、大幅なリブランディングをするにあたって、湯河原の空気感を言語化し、施設のコンセプトに落とし込むため、「湯河原はどんなところか」について思考を重ねました。

地域の歴史を掘り下げ、代々文豪たちが逗留してきた逸話から「湯河原は自分たちの世界にこもる〝湯ごもり〟の地」というブランドイメージにたどり着きます。その言葉をさらに洗練させ、「湯河原チルアウト」というキャッチコピーを編み出しました（第３章参照）。

新しいブランドイメージに沿ってキーヴィジュアルを撮影し、Ｗｅｂサイトを刷新し、プレスリリースを打ちましたが、これだけでは大きな反響には結びつきませんでした。もちろん、関心を持ってくれる方はたくさんいましたが、人が実際に動くための動機づけがまだ不十分だったのです。

「ホテルのコンセプトは、繁忙期ではなく、閑散期に合わせてつくるべきだ」――とは星

野リゾート代表・星野佳路《よしはる》氏の名言です。

繁忙期には放っておいても一定数の宿泊客はやって来ますが、閑散期は何も手を打たなければ閑古鳥が鳴いてしまう。それゆえ、例えば夏に人気のエリアなら、閑散期の冬に人が集まるような仕掛けを設定しておくことが重要というのです。

そう考えると、インバウンド向けのマーケティング方針をやめたこともあり、閑散期や平日にお客さんが集まるような仕掛けをつくることが急務でした。

湯河原の閑散期（10月～2月）や平日にある程度自由に動くことができる人は、一体誰なのだろう。真っ先に脳裏に浮かんだのは「長期の休みがあって自由な時間が多い大学の同級生たち」でした。この発見から、**ターゲットはもっとシャープに研ぎ澄ます**必要があったことに気づかされました。狙うべきは、「東京に暮らす20～30代」ではなく、「東京の大学に通う大学生たち」だったのです。

インサイトの特定が生んだ『卒論執筆パック』

では、「東京の大学に通う大学生たち」が思わず湯河原に来たくなるにはどうしたらよいのでしょうか？　彼らの抱えているインサイトとは一体何なのかを知るため、昼夜を厭わず毎日Twitter（現・X：以下、Twitterと表記）にかじりつき、大学生たちの行動パターンを徹底的にリサーチしました。やれバイトがどうだ、学祭がどうだといったさまざまな情報の海の中で、ある時、ふと卒論に取り組んでいる人がたくさんいることに気づきました。

「卒論、進捗ダメです」と弱音を吐いていたり、「ブラック研究室の先輩の卒制の手伝いで今日も徹夜なんだが」と嘆いていたり……**大学生のマインドシェアの多くを卒論や卒制が占め、滞る進捗に精神的に追い詰められている**様子がありありと見てとれました。

中でも、建築学科や都市工学科の友人たちは毎晩のように研究室に入り浸り、椅子やソファ、時には床に転がって仮眠をとりながら限界まで作業を続ける日々を送っていました。彼らの多くは、徹夜明けにキャンパスの近くの銭湯で風呂に入ることだけを楽しみに気力を保っているようにも見受けられました。

考えてみれば、今どきの大学生は非常に多忙です。授業のみならず、就活、アルバイト、インターン、サークル、ゼミ……卒論の締め切りも抱えている一方で、多くの大学生は食事や洗濯、掃除に買い出しなど自分自身の世話もしなければなりません。「集中して取り組みたいこと」があったとしても「その前にやらなければいけないこと」があまりに多すぎる。

もしも、上げ膳据え膳で食事が提供されて、いつでも温泉に入れる環境があれば、彼らはもっと卒論や卒制に集中できるはず……そう思ったある夜、私はTwitterでこう呟きました。

「大学生たちに、卒論を書きに湯河原まで来てほしいな」

しばらくして、フォロワーのひとりからこんなリプライが届いたのです。

「卒論学割パックみたいなものをつくってほしいです！」

その何気ないリクエストは大学生の抱えるインサイトと結びつき、頭の中に素晴らしいアイディアが浮かんできたのです。

「卒論を書きに来てください！」と訴えるだけでは人は動きませんし、「大学生は割引します！」というだけではさほどの訴求力はないでしょう。**「行く理由」を明確にデザインした企画をつくり込み、届けてあげることで、実際に行動を起こすハードルが大きく下がるのではないかと考えました。**

さらに掘り下げると、卒論を書く大学生の苦しみの多くは「早く取り組まないといけないのに諸々の理由で進捗を生めていない」という葛藤から来ています。つまり、「卒論の進捗がない罪悪感から逃れたい」というインサイトを抱いているのです。であれば、「ちゃんと卒論に取り組む時間は確保できているから大丈夫」と思えるサービスをつくればいいのではないか？

そう考えて企画したのが『卒論執筆パック』という宿泊プランでした。『卒論執筆パック』とは、かつて文豪たちが湯河原の温泉旅館で逗留しながら缶詰になって執筆に没頭した歴史になぞらえて、大学生たちが卒業論文の執筆作業に専念できるようにした宿泊体験です。

大学生のお財布にも優しいように、学割ということで1泊1万円程度のリーズナブルな価格に設定。3食付きかつコーヒー・紅茶飲み放題で作業に集中できる環境を用意したうえ、**希望に応じてスタッフが編集者に扮して進捗を確認したり、原稿の感想をお伝えしたりするなど、ダラけないように牽制するサービス**を設けたところ、このプランの告知ツイートは瞬く間に拡散され、初回に用意した40枠がその日のうちに完売したのです。

先述の通り、私たちの課題は、立地も、設備も、食事も、サービスも、マーケット内の競合である格式高い温泉旅館とはどうしても張り合えない、ということでした。

通常のホテルや旅館の場合は、「素敵な建築や眺望、食事を用意しました。さあどうぞごゆっくりお過ごしください」というコミュニケーションで訴求するのが一般的です。つまり、箱はつくり込むものの、箱の中身をどうするかはゲストに委ねる、という姿勢です。

でも、リソースが限られている私たちはその定石の逆張りをしようと考えました。つまり、「建築や温泉や食事は正直そこそこです。その代わり、あなたはこの温泉旅館で、とにかくやらないといけない作業に集中してください。そのためにできることは何でもします」というコミュニケーションをとったのです。

つまり**「温泉旅館に来て何をするのか」をしっかり決め込んで顧客に提案することで、顧客の抱えるインサイトを刺しにいった**のです。

湯河原の絶妙なアクセスや、行楽地としての物足りなさ、少しひなびた空気は、むしろ**ストイックに執筆する環境としては最高の条件**となりました。定量的な価値を高めるのではなく、定性的な新しい価値を生み出すことで、自分たちの宿泊施設を「旅の目的地にする」というクリエイティブジャンプが起こった瞬間でした。

予想を上回る大反響

嬉しい誤算で、『卒論執筆パック』は、大学生以外の方々からも大きな反響がありました。その多くが、「同人界隈」といわれる方々からの「大学生じゃないけど私も温泉旅館で原稿を執筆したい」という声でした。

同人界隈とは、同人サークルに所属して、毎年夏・冬のコミケに向けて同人誌（いわゆる〝薄い本〟）の制作を行う方々のことです。コミケには毎回２万を超えるサークルが出展し、25万人を超える方々が来場するといえば、そのコミュニティがいかに巨大か想像していただけるでしょう。彼ら彼女らの多くは、専業の漫画家・小説家ではなく、一般の仕事をしながら趣味の延長線上で同人誌制作を行っているため、タイトな時間をやりくりして必死に原稿と向き合っています。

そうした方々からの熱烈なリクエストの声を受けて、一般の方も対象とした『大人の原稿執筆パック』というプランをリリースしたところ、卒論執筆パックをはるかに上回る数の予約が押し寄せました。これらのシリーズによって、それまで５％しかなかった直接予約の割合はなんと１年で80％（前年比16倍）にまで急上昇。たった11室の旅館にもかかわらず、年間の利益を３６００万円も押し上げ、業績を急成長させることができたのです。その後、今日に至るまで原稿執筆パックはこの温泉旅館の売上を支えるヒット商品となっています。

たとえ不利な条件下であったとしても、ゲストのインサイトを正しく捉えることで、ゲームチェンジを生み出せる可能性は十分にあるのです。

「自分の無意識」を言語化しよう

インサイトの解像度を上げるためには、他人の心の中を洞察しようとするよりもまず自分の無意識を言語化する習慣をつけることが大切です。

日頃、「イケてる」「ダサい」「なんかいい」と漠然とした印象で捉えてしまっているものを、「なぜそう思うのだろう?」「なぜ自分はこのような感情を抱いているのだろう?」と意識的に言葉にし、「なぜ自分はあのような行動を取ったのだろう?」と、その深層心理を分析し、他人に説明できるくらいにしておくことで、取り扱い可能な知見にすることができるのです。

①自分の感情・行動を発見する

生活を振り返り、自分が無意識にとった行動を自覚する（例えば、〇〇に行った、買った、予約した、いいねをした、写真を撮った、友達に教えた、SNSに載せた等）。

②自問自答する

自分がなぜその行動をとったのか、自問自答を繰り返してその背景にある感情を掘り出す（あの時ぶっちゃけ…、正直なところ…といった文頭から考えると、本音の感情を引き出しやすい）。

③抽象化する

自分の感情を抽象化し、取り扱い可能なものにする。

実際に、私が最近とった消費行動を例に、複合的な理由を整理しながら自分の思考回路を振り返って言語化してみましょう。

・唇のアートメイクの施術をした（①自分の行動を発見する）
・リップを頻繁に塗り直すのが面倒なので、試しにアートメイクをしてみたいと考えた。正直なところ、効果自体はあまり持続しないと分かって施術を受けた。ぶっちゃけ、アートメイクという美容医療そのものを体験してみたいという好奇心のほうが強かった。その根底には、美容に時間とお金をかけることで、自分がちゃんと美容にも気を遣えている人間であるという自己肯定感を得られることがありそうだ（②自問自答する）
・私は美容医療の効果ではなく、美容医療を受けることで得られる自己肯定感を買っていた（③抽象化する）

こんな具合に深掘りしていくと、アートメイクをした理由はいろいろ出てきますが、はじめのほうのものはあくまで消費行動を起こすための口実やきっかけに過ぎず、深層心理として「美容医療の実績解除をすることで、周りに取り残されていない安心感を感じたい」という欲求の源泉となったインサイトを発見することができます。

このように、**自分自身の行動の一つひとつを吟味し、背景を探り、理由を見出していくことで、無意識の行動に潜む、普遍性のある法則を発見することができる**ようになるのです。

この際、取り扱うテーマはなんでもいいと思います。なぜいつも同じ美容院に通っているのか。なぜ電車ではなくタクシーで行ったのか。なぜネイルをしているのか。なぜこの人の投稿にコメントをしたのか。なぜ友達を食事に誘ったのか。なぜこの店を選んだのか。なぜこの人のライブには行くのに、あの人のライブには行かないのか……。

日常のささやかな行動にも、その行動をとるに至らせた潜在意識が必ずあります。そこに対する解像度を常日頃から高めておくことが、インサイトを見極めるスキルを磨く鍵となるのです。

COLUMN

インサイト発掘のためのSNS活用法

他人の心の動きを完全に知ることなどできない、とはいうものの、SNSを駆使することで、さまざまな参考材料を集めることができます。

①違う界隈の人をフォローする

「周りの知人・友人5人の平均があなた自身である」とよく言われるように、人は自分の周囲の人々の価値観やライフスタイルの影響を潜在的に強く受け、偏りのある認知の枠組みの中で世界を眺めています。ですが、あえて全く違う属性の人をフォローすることで、その人がどんな生活を送り、何に喜怒哀楽しているか、本音の心情を垣間見ることができます。実際私も、特に面識のない一般の女子高生など自分とは違う世界線を生きている方々のアカウントをこっそりフォローすることで、インスピレーションにつながる情報をキャッチしています。

②インターネット集合知で仮説検証する

インサイト仮説を検証するためにSNSを活用することもあります。SNS（特にTwitter）は忖度のない声が聞けることが多いため、「○○な人に向けて□□のサービスをつくりたい」といった提案を投げかけ、巻き起こった賛否両論に耳を傾けることで、新たな視点を獲得することができます。ポイントは、アイディアを上乗せしてもらったり、あるいは思い切り否定してもらえるような余白をつくっておくこと。実際、今まで何度もこの手法でターゲットの声を教えてもらい、そこで得たインサイトを商品開発に反映させてきています。

③気になる人がフォローしている人をフォローする

昔から、「人を知りたければ、本棚を見よ」とよく言いますが、「もっと知りたい」と思う人がいる時、その人がアウトプットしている情報ではなく、その人がインプットしている情報を摂取する、つまりその人が見聞きしている情報源を丸ごとコピーすることも効果的です。ターゲットがどのような情報の中に生き、どこから世界をまなざしているかを知ることで、その人が抱えているインサイトへの解像度は格段に上がっていきます。

第5章

異質なものとマッシュアップする

——常識を裏切るアイディア発想法

インサイトとプロポジション

「クリエイティブなアイディアを発想する」というと、誰も思いつかないようなラディカルな企画を出したり、奇想天外で自由な頭の使い方が求められる気がして身構える人もいるかと思います。

もちろん、空《くう》をつかむようなところから、いわゆる「ゼロイチ」でアイディアを閃くことができる人は本当に稀有で、私も憧れてしまうのですが、実は事業を打開するアイディアの多くは、セオリーにのっとって生み出していくことができます。決して一部の才能豊かな人だけの特権ではありません。

キーワードとなるのは、**インサイトの対となる概念である「プロポジション」**です。プロポジションとは、「消費者のインサイトに対する、企業やブランドから消費者への提案」という意味で、発掘した消費者インサイトを満たしてあげられるような提案のことを指します。

例えば、先のカリフォルニア牛乳協会の例では、「牛乳を飲みたくなるのはクッキーを食べて口がパサパサした時」だという消費者のインサイトに対して、「お菓子やクッキーで水

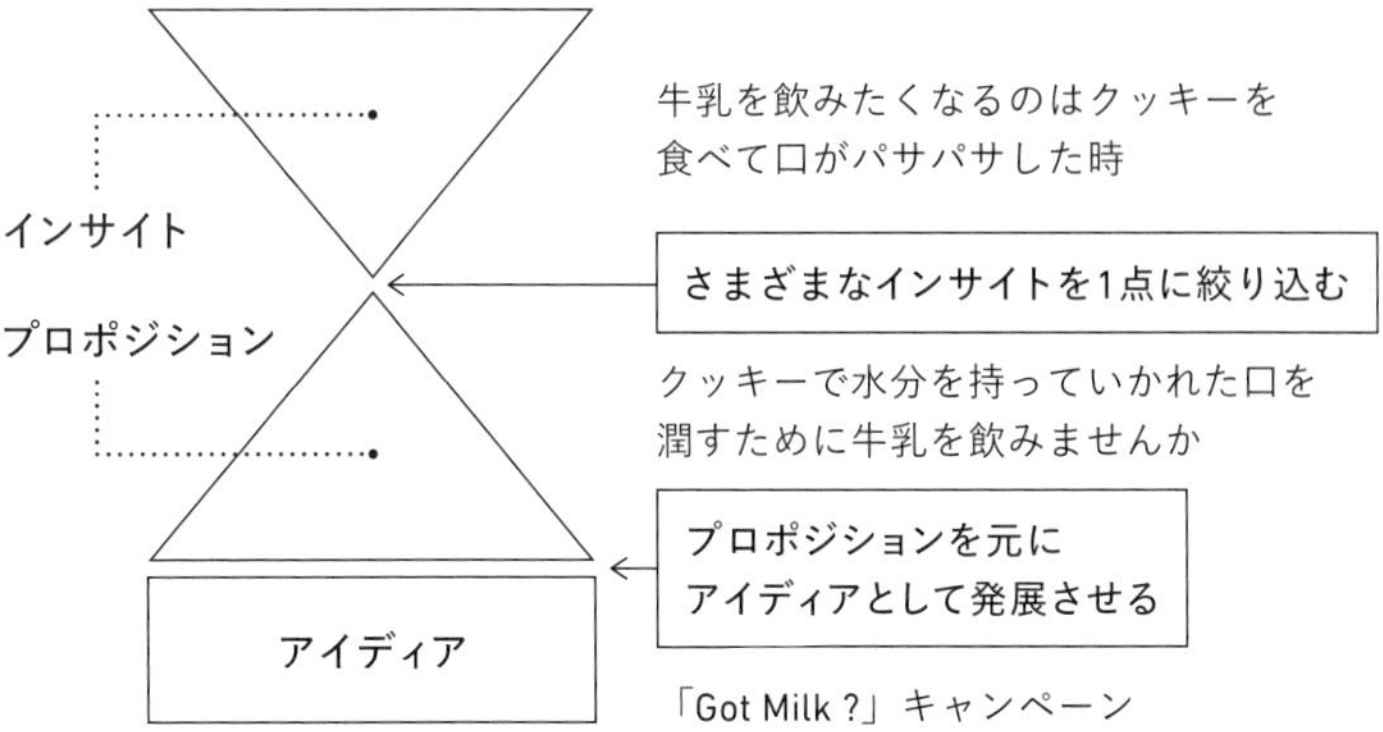
インサイト
プロポジション
アイディア
牛乳を飲みたくなるのはクッキーを
食べて口がパサパサした時
さまざまなインサイトを1点に絞り込む
クッキーで水分を持っていかれた口を
潤すために牛乳を飲みませんか
プロポジションを元に
アイディアとして発展させる
「Got Milk ?」キャンペーン

図12　インサイトと対概念のプロポジション

分を持っていかれた口を潤すために牛乳を飲みませんか」という消費者に対する提案（プロポジション）があり、そのプロポジションを具体化したアイディアとして「Got Milk ?」キャンペーンがありました。

あるいは、リキッド・デスの例では、インサイトとして発見した「クラブでペットボトルの水を飲むのはダサくて恥ずかしい」という感情に対して、「ワルく水を飲みませんか」というプロポジションがあり、その具体的な商品としてエナジードリンクのようにいかつくて不健康なデザインのミネラルウォーターがあったというわけです。

このように、インサイトと表裏一体の存在としてプロポジションがあり、プロポジションの延長線上に具体的なアイディアが広がっていくのです。

寝転がれる台湾料理店

ここまでの話を総合した事例として、現在進行形で私たちが取り組んでいるプロジェクトをひとつご紹介しましょう。

2022年、「Sleepy Tofu」という台湾の若者に人気のマットレスブランドが日本に上陸しました。台湾では感度の高いミレニアル世代を中心に爆発的にヒットしたプロダクトですが、日本にはすでに多くの新興マットレスブランドが群雄割拠しており、日本市場ではなかなか存在感を示すことができません。他のマットレスブランドは、いずれもマットレスのスプリングやポケットコイル、スポンジの構成や配合を説明しながら「睡眠の質を高められる」「身体をしっかりホールドすることで腰痛や肩こりを軽減できる」「良質な睡眠や姿勢の改善によって日中のパフォーマンスを高めることができる」といった具合に、マットレスを通じて仕事の生産性を高めることを訴求するのが主流となっていました。

もちろん、Sleepy Tofuのマットレスも、スプリングやスポンジの配合に独自のこだわりを持っていますが、他のマットレスブランドと同じ訴求軸で戦っても、広告投資額が多く、すでに国内で広く認知されているブランドにはとうてい敵いません。

一方で、自分自身をはじめとする一般消費者がマットレスをどのようなシーンで使用しているかを考えてみると、意外なことに気がつきます。当然マットレスは睡眠をとる時に使いますが、それだけではなく、寝転がりながらダラダラとスマホを見たり、読書をしたり、PC作業をしたり、ストレッチをしたり、映画やドラマを観たり、ちょっとお行儀が悪いですがポテチやアイスを食べたりと、実は睡眠以外のシーンで〝セカンドリビング〟として機能していたのです。

ベッドはただの寝る場所ではなく、寝転がった状態で過ごすための場所だった、といえるでしょう。つまり、**マットレスを使う人の深層心理には「本当は布団にくるまって寝っ転がりながら生活をしたい」というインサイトが隠れていた**のです。と同時に、これは、「ベッドでダラダラしながら過ごすのは自己管理ができている人間の姿ではない」という罪悪感から、なかなか意識化・言語化されづらいインサイトでもありました。

そこで、Sleepy Tofuでは、ブランドのふるさとである台湾の空気感や、豆腐をモチーフにしたユニークなネーミングが醸し出すゆるさの力を借りて、「ベッドでダラダラしても良いじゃない」というプロポジションを提案することにしました。これは、コロナ禍以降の時代の空気がまとっている、自分自身を愛してあげよう、甘やかしてあげようという

「ご自愛」カルチャーにも通ずるところがあります。

このプロポジションをもとに、ベッドに寝転がりながら台湾料理を食べることができる**「寝転がれる台湾料理店」というアイディアを着想。**Sleepy Tofu のマットレスを座席に見立てて、台湾料理を提供するポップアップレストランを開催することにしたのです。

ベッドの上で台湾肉豆腐や台湾カステラを食べて、台湾茶を飲み、お腹がいっぱいになったらゴロンと横になる。ちょっとお行儀悪いかもしれないですが、「別にいいじゃない、みんな本当は家でそうやって過ごしているじゃない」というメッセージを添えながら。この企画は『寝ころび台湾料理店』と銘打ち、日本国内ではブランド初のリアルイベントとして開催されることが決まっています。

「寝転がれる台湾料理店」というアイディアは一見奇抜に思えるかもしれませんが、インサイト→プロポジション→アイディアと、順を追いながら思考を積み上げることでたどり着いたクリエイティブジャンプです。

良いアイディアは掛け合わせでできている

では、インサイトとプロポジションを押さえたうえで、実際どのようにすればビジネスに活きるアイディアを生み出しやすいのか、掘り下げていきましょう。

まず、大前提として、優れたアイディアの多くは魔法のようにどこからともなく現れるのではなく、既存のサービスやプロダクトの掛け合わせによって成り立っています。ペンと消しゴムを掛け合わせたフリクション、ゲームと散歩を掛け合わせたポケモンGO、コンビニとジムを掛け合わせたチョコザップ……など、その例は枚挙にいとまがありません。

クリエイティブジャンプを生み出しているアイディアの多くも〔要素×要素〕の掛け合わせでできていますが、ここで重要なのは、私たちは単に面白いアイディアを考えたいのではなく、**「事業に立ちはだかる壁を打破する」課題解決としてのアイディア**を考えなくてはならないということです。

それゆえ、2つ（もしくはそれ以上）ある要素をスロットのように自由に組み合わせるのではなく、片方を必ず自身の持っているアセットで固定する必要があります。つまり、**クリエイティブジャンプを生み出すアイディアは〔定数×変数〕という方程式**で表現できることになります。

ここでいう〔定数〕とは、自身が持っているアセット、つまり取り組んでいる事業（サービスやプロダクト）のこと。私の場合は「ホテル」、Sleepy Tofu の場合は「マットレス」が該当しますね。それに対して、〔変数〕とは掛け合わせてみるもののことを指します。アイディアは、この〔変数〕に何が放り込まれるかで決まります。

例えば、Sleepy Tofuのケースでは、〔変数〕に「食事」を入れて、〔マットレス×食事=寝ながら食事ができる〕というアイディアを切り口にして、「寝転がれる台湾料理店」という企画を導いています。つまり、アイディアを発想するということは、なにを〔変数〕の箱に放り込んだら思わぬ化学反応が起きるかを考えること、と同義であるともいえるでしょう。

カテゴリー分け〔変数〕の思考法

では、実際〔変数〕に放り込む要素はどう考えていくか？　もちろん、思いついたものをどんどん放り込んでいってもいいのですが、はじめのうちは、自分だけでは気づきにくい視点に出会うために、次のように**カテゴリー分けしてキーワードを洗い出していくと、網羅的に考えやすい**でしょう。

▼カテゴリー別のキーワード例

①WHO

属性：小学生、シングルマザー、医療従事者、DINKS、和菓子職人、俳優の卵……

②WHEN

時代：昭和レトロ、ローマ帝国、シノワズリ、ロココ調、レトロフューチャー……

人生：誕生日、結婚式、七五三、成人式、家族旅行、修学旅行、入院、お葬式……

③WHERE

空間・場所：バー、クラブ、温泉、サウナ、カラオケ、書斎、水族館、畑、フェス……

自然：原っぱ、公園、森林、小川、鍾乳洞、海の中、木の上、キャンプ、雪山……

④WHAT

街なか：電車、飛行機、バイク、コンビニ、屋台、散歩、飲み歩き……

飲食：ビール、寿司、麻婆豆腐、アイスクリーム、有機野菜、タイ料理、薬草酒……

表現：お笑い、演劇、音楽、本、アート、刺繍、油画、シルクスクリーン……

生き物：犬、猫、観葉植物、観賞魚、競走馬、虫の観察、盲導犬、伝書鳩……

このように、カテゴリー内に入るキーワードをブレーンストーミング的に書き出していきながら、例えば次のように、気になるワードを〔定数〕と組み合わせてアイディアを発想していきます。

・〈ホテル〉×〈原っぱ〉＝草原のど真ん中にある移動式ホテル
・〈ホテル〉×〈屋台〉＝入口がおでん屋台になっている下町ホテル
・〈ホテル〉×〈競走馬〉＝引退した競走馬によって曳かれる馬車ホテル
・〈ホテル〉×〈木の上〉×〈散歩〉＝木の上にさまざまな建築物が建てられ、木から木へ渡り歩いて移動するツリーホテル
・〈ホテル〉×〈海の中〉×〈水族館〉×〈寿司〉＝窓から魚を眺めながら寿司を食べられる海底ホテル

この時点ではまだアイディアの質は玉石混淆《こんこう》かと思いますので、凡庸だな、ピンとこないなと思ったものは気にせず脇に置いておきましょう。

この中で、**キラッと光るものがあるなと感じた組み合わせやアイディアがあれば、さらにいくつかの具体的なアイディアへと広げることができないか**考えてみます。

例えば、〈ホテル〉×〈犬〉なら、

・ペット連れの方向けのホテルは世の中にすでにあるが、「ペット向け」を強く訴求して

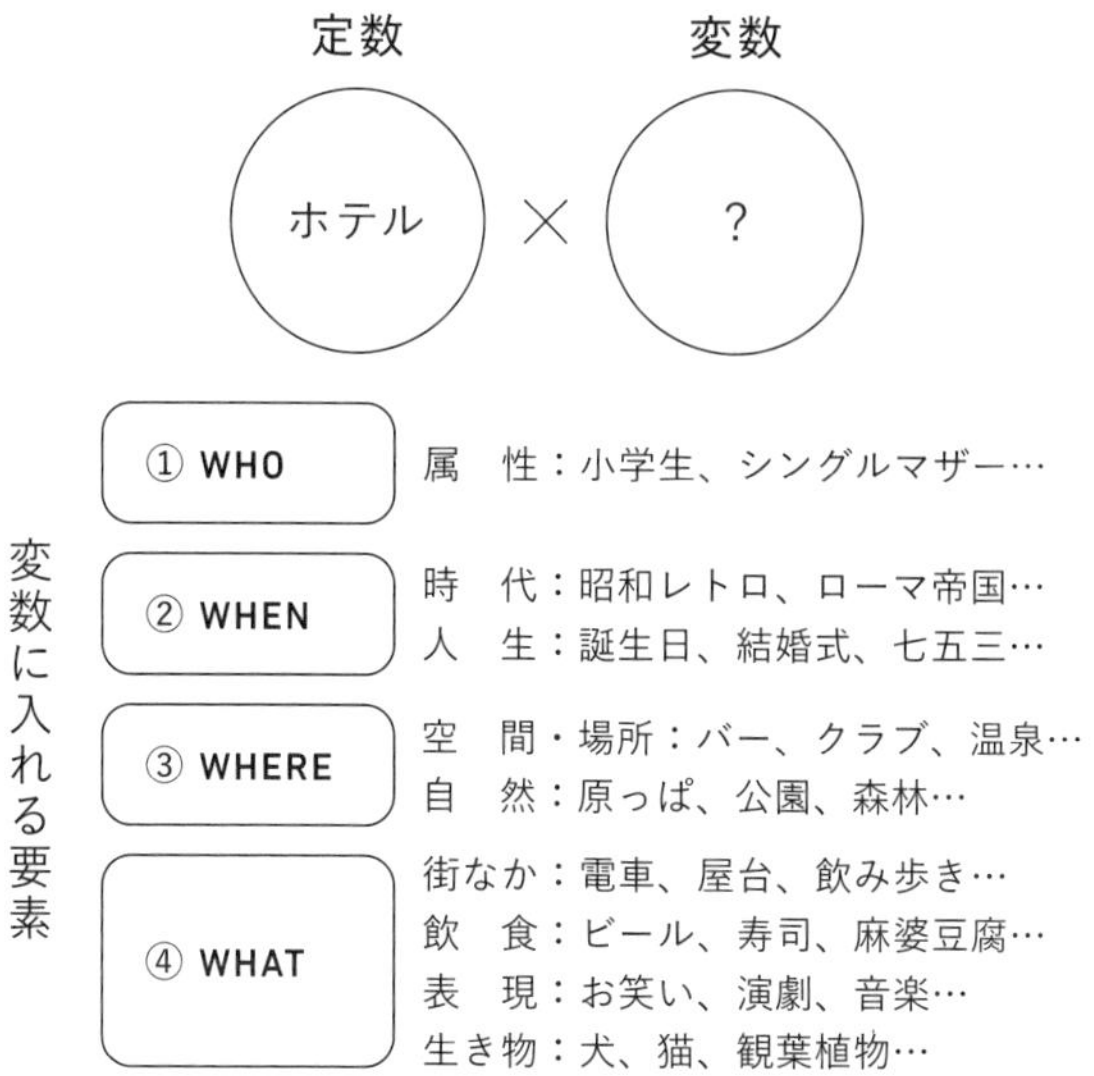

図13　変数の要素をカテゴリーから考える

いるがゆえ、デザイン性があまり高くないところが多い。一般の消費者目線で見ても上質感があるホテルで、かつ犬と過ごせるところはないか？

・すでに犬を飼っている方向けのホテルではなく、犬を飼育していない方が犬との生活を追体験できるホテルはどうだろう？「保護犬や保護猫とのマッチングもできる」という文脈を加えると、昨今話題になっているペットの殺処分問題への解決策にもなる。

・犬に限らず、リスやイグアナをはじめとするエキゾチックアニマルなど、なかなか飼育に踏み出せない動物とふれあう体験を提供できるホテルはどうだろう？　飼育の解像度を上げることで、現実を理解しないままペットショップで衝動買いをしてしまい、捨ててしまうような悲劇を防ぐことができるかもしれない。

といった具合に深掘りして考えてみると、どんどんサービスのアイディアが生まれてきます。

このように、掛け合わせから連想を続けていくと、すぐに実現できそうなものから、フィジビリティが低そうなものまで、いろいろな精度のアイディアが入り混じった状態で発想が広がってきます。ここで一つひとつのアイディアを練りすぎたり、焦ってボツにしたりする必要はありません。一見微妙に思えるアイディアだとしても、それが最もフィットする状況が訪れることもありますし、少しアレンジすることで光り出す可能性もあるので、無駄にはなりません。

最初のうちは、なかなか手応えのあるアイディアが出てこなくて嫌になってしまうこともあるかもしれませんが、この思考法を続けていくと、段々とアイディアを発想するための思考回路ができてきます。

これは、草むらに獣道をつくっていくプロセスと同じです。初めはなかなか見通しが悪く、迷子になってしまうこともあるかもしれませんが、何回も繰り返すうちに、うっすらと足跡が見えるようになってきます。回数を重ねていくことで発想のセンスが磨かれ、やがてはっきりとした道筋となり、スピーディに前に進むことができるようになるのです。

日常生活の中でヒントを探し続ける

ここまでの話を整理しましょう。アイディアを発想するためには、この3段階のプロセスを踏んで行います。

①キーワードを洗い出す
②〈定数〉と組み合わせる
③〈定数×変数〉を具体化するアイディアを連想する

このシンプルなステップに分解した思考回路を脳にインストールしておくことで、自分の持つアセットから斬新な企画や事業アイディアを生み出していけるようになります。

繰り返しになりますが、単に何かと何かを組み合わせるだけでいいアイディアが生まれるわけではなく、私たちが目的とするのは、事業に立ち塞がる壁を打破するためのアイディアを生み出すことです。課題解決をもたらすクリエイティブジャンプはひとつではないですし、そこに至るルートもさまざま。

自身や自社にとってのベストを更新し続けながらアイディアを探求するには、会議室で悶々と考えるのではなく、日常生活のあらゆる場面でアイディアのヒントを探し続ける不断の努力が大切だと思っています。

フリースタイルラップの登竜門であるUMBで史上初の3連覇を果たしているラッパーのR－指定さんは、あるメディアの取材で、高校時代、即興で韻を踏めるようにするために、日常生活を送る中で目にするありとあらゆる言葉で韻を踏むトレーニングをしていたと語っていました。例えば、歴史の教科書に登場する偉人の名前で韻を踏んだり、テレビニュースで流れたフレーズにラップで反論したり、といった具合に、目にするもの全てから韻を考える脳の回路を常に活性化させていたのだそうです。これだけ日頃から、生活の中で得られた刺激から韻を考え、アーカイブしているからこそ、適切なシチュエーションで無意識に取り出せるようになっているのです。

それと同じで、自分の人生を捧げられるような事業軸を持ち、日々ネクストワンを探しながら世の中を見る習慣をつけることで、他の人よりも圧倒的に多くの思考訓練が積み重なり、自然とアイディアの引き出しも増えていきます。

手前味噌な話ですが、私はしばしば「どうやってそんなに新しいアイディアを次々と思いつくのか」と尋ねられますが、正直なところ「ママチャリに乗るのうまいですね」と言われている感覚です。なぜなら日常生活の中で、何を見聞きしても、これをホテルでやったらどうなるのだろう？　ホテルでこの問題を解決できないかな？　と常に考えているからです。

自分が世界から受ける刺激を何らかの形でホテルに活かせないか、というまなざしで常に世界を見ており、そうして、思いついたアイディア（［定数×変数］）を、必要なタイミングで取り出しているに過ぎません。

いいアイディアは、会議室にこもっていても生まれません。あなた自身が事業家としての執念を持って世界をまなざすところから始まるのです。

［定数×変数］で生まれた事業例

世の中には、事業に確変をもたらすアイディアというものがあります。それらの多くは、事業家の飽くなき探究心によって見出されたアイディアの掛け合わせ［定数×変数］で成り立っています。

創業から200年以上続く京都の老舗和菓子店『亀屋良長《かめやよしなが》』。その8代目と結婚した女将・吉村由依子さんは、店を本格的に手伝い始めてから程なくして、会社が数億にものぼる多額の借金を抱えていることを知ります。和菓子市場は洋菓子の隆盛により年々縮小しており、中でも若者離れの影響によって新規顧客を獲得できていないことが大きな課題となっていました。借金返済のため、何とか売上を上げようと新商品開発を試みますが、創業以来の伝統の味を守り続けているベテランの和菓子職人には一蹴されてしまいます。

それでも老舗の窮地を救うべく、若い顧客層を取り込む方法を考え続けた吉村さんは、店内で最も売れていなかった商品の改良に目をつけました。「懐中しるこ」という、あんこが詰まった最中《もなか》にお湯をかけるだけでおしるこになる昔ながらの商品ですが、売上は平均1日2個。1シーズンで200個しか売れていない商品を若者向けにアレンジできないかと試行錯誤したのです。

お湯をかけると最中が溶けて中からあんこが出てくるというお菓子の仕様から、吉村さんが思いついたアイディアは、**〈和菓子×占い〉**。最中の中に桜やハートなどの形をしたゼリーが入っており、運勢が占えるというアレンジをほどこしたところ、若い女性の心をつかみ、その売上はなんと125倍もの2万5000個に達しました。

続いて、吉村さんが着手したのは、年間50本しか売れていなかった羊羹《ようかん》でした。毎朝息子の朝食のトーストにあんこを塗っていた吉村さんが感じていた「面倒くさいなあ。スライスチーズみたいに簡単に載せられたらいいのに」というインサイトをきっかけに、薄くスライスされフィルムで包装された羊羹『スライスようかん』を開発します。

〔**和菓子×トースト**〕の掛け合わせで生まれたこのアイディアは、販売から3年で売上1000倍、年間15万袋を超える大ヒット商品に。羊羹の形状やパッケージングを少し変えただけで、おやつシーンではなく朝食のシーンに和菓子を入れ込み、新しい和菓子の可能性を切り開いたのです。

掛け合わせによって生まれたアイディアが事業に非連続な成長をもたらし、立ちはだかる壁に大きな風穴を開けたのです。

〔ホテル×〇〇〕が切り開く地平

私たちがホテルというアセットで取り組んできた数多くのプロジェクトも、この〔ホテル×変数〕という方程式に当てはめて考え、生み出してきたものでした。

前章で扱った『卒論執筆パック』は、〔ホテル×卒論〕の分かりやすい例です。卒論の執筆作業に四苦八苦していた大学生のインサイトからインスピレーションを受けた、ストイックに集中できる宿泊プランのアイディアは、市場が抱える潜在的なニーズを掘り起こしました。大学生だけでなく、入稿期限に追われる同人作家や、締め切りに追われている社会人の方も集中して作業に没頭できる宿泊プラン『大人の原稿執筆パック』は〔ホテル×原稿〕という掛け合わせから生まれています。

アイディアが実際に事業として形になった例を他にいくつかご紹介していきましょう。

ホテル×読書：積読《つんどく》解消パック

原稿執筆パックのヒットを受け、「原稿に追われているわけではないが原稿執筆パックをしたい」という声が多数届き、スタッフの発案で溜まった積読を消化する宿泊プランを開発。温泉の中でも読める小説の導入や、ゲストが読み終わった書籍を寄贈できるシステムなど、読書に特化した宿泊体験を提供し、毎月の継続的な予約獲得につながりました。

ホテル×確定申告：確定申告パック

卒論執筆パック、原稿執筆パック等のヒットを分析した結果、「締め切りに追われているものの、なかなか着手できていない作業に取り組むための、重たい腰を上げるきっかけ」

として滞在環境を変えたい（＝旅館での宿泊）、というインサイトが働いていることに着目。そこで、私自身も日頃苦しめられている、「なかなか着手できないが締め切りに追われる作業」の筆頭格である確定申告に特化した宿泊プランを企画。クラウド会計ソフト「freee」とコラボして、開催期間中、会計士が常駐する日をもうけ宿泊者の質問に答えられる態勢をつくるなど、「滞在環境を変える」から一歩進んだ、「専門的な知識を持った人によって生活をサポートする」ことにフォーカスした宿泊業のあり方を実践しました。

ホテル×クラブ：平成ラストサマー

大学生の頃、クラブによく通っていた友達から、終電が終わってから始発が始まるまでの間、本当はすごく眠くてしんどいけど無理して踊っている、と話しているのをよく耳にしていました。確かに、明け方の繁華街では疲れ切ってビルの軒下に座り込んでいる人をよく見かけます。クラブは往々にしてホテル街の中にありますから、補完関係、共生関係にある空間であるともいえます。

「オールナイトで夜を過ごせる場所」という共通点を持ちながら、**ホテルとクラブは**

一晩中爆音の中で踊り続けるのはしんどいですが、良い音楽に揺れながら夜更かしして、疲れたら即退散して寝るような、ヘルシーな音楽体験の場として、ホテル空間全体をクラブに見立てることができるのではないかというアイディアを温めていました。

そんな中、HOTEL SHE, OSAKAを開業した年の２０１７年12月に、天皇陛下（現・上皇陛下）の生前退位が行われることが発表。私たちが生まれ育った時代である「平成」が終わるということに大きな衝撃が走りました。

突然の発表だったこともあり、平成という時代を振り返り、語り合う余裕もなく、世の中が淡々と新元号へと進んでいくことへの一抹の寂しさと違和感を抱きました。そこで、同世代的な感覚を持つ方々と、**自分たちが生きた平成という時代を咀嚼し、別れを告げるための、平成の名曲だけを流す宿泊型オールナイトフェス『平成ラストサマー』**を「平成最後の夏」が終わる18年８月31日に開催したのです。

HOTEL SHE, OSAKAを全館貸し切り、総勢10名のＤＪが、小沢健二、宇多田ヒカル、浜崎あゆみ、エレファントカシマシ、ORANGE RANGE……と、お昼の校内放送で流れていた流行曲だけをひたすらかけ続けるという異色の音楽イベントですが、40室用意していた客室付きチケットはなんと即日完売。当日はホテルのキャパの限界である総勢２００名もの方が来場してくれました。

初めて会う方同士が平成の思い出を語り合い、青春を彩った数々の名曲と共に時代が移り変わることを受け入れていく、そんなイベントはメディアでも大きく特集され、ホテルという空間の持つ可能性を押し広げる契機となったのです。

実はここでは〔ホテル×クラブ×平成〕という二重の掛け合わせが行われています。ホテルでクラブのように踊るだけでは、楽しいイベントにはなったかもしれませんが、メディアが取り上げるようなインパクトにはならなかったでしょう。複数の変数を掛け合わせることで、よりユニークな企画へとジャンプさせることができるのです。

〔ホテル×美術館〕という発想

ホテルに泊まることとは、ある世界観に基づいてつくり込まれた空間の中に没入する体験でもある。そう考えると、**ホテルと美術館は、「クリエイターの世界観に没入できる場所」という共通点**で結ばれており、ホテルを美術館やギャラリーに見立てた宿泊体験ができるのではないか、という発想からいくつもの企画が生まれました。

ホテル×詩：詩のホテル

HOTEL SHE, KYOTOのコンセプトが「最果ての旅のオアシス」であることから、詩人の最果《さいはて》タヒさんとコラボレーションし、ホテル空間全体を通じて詩を鑑賞する宿泊体験

『詩のホテル』を企画。鏡、窓辺、天井、ルームキー、冷蔵庫の中……など、ホテル客室内の随所に最果さんの詩がちりばめられており、お客さんは宿泊を通じて詩を発見し、時間をかけて咀嚼しながら鑑賞するという、空間型メディアとしてのホテル体験を生み出しました。

当初、閑散期のみの3ヶ月間を予定していた宿泊企画でしたが、開催延長を希望する多くの声を受けて、桜の季節が始まる3月まで、6ヶ月間にも及ぶロングランを実現しました。

ホテル×音楽：Hotel cure

大阪出身のアーティスト、SIRUP《シラップ》さんの新アルバム『cure』のリリースに合わせて、HOTEL SHE, OSAKAを『Hotel cure』としてジャック。**ホテルのワンフロアをまるごと貸し切り、『cure』収録曲の世界観を1部屋ずつ、12曲分表現するという、音楽業界のプロモーションとしては史上初の宿泊企画**を実施しました。アーティストや音楽の世界観に浸りながら宿泊することができるだけでなく、『Hotel cure』を舞台にSIRUPさんが『cure』を全曲パフォーマンスするオンラインライブを開催するなど、世界観に没入できる空間としてのホテルの可能性を模索しました。

ホテル×演劇：泊まれる演劇

世界観に没入できる空間、というホテルの可能性を追求した集大成ともいえる企画が、HOTEL SHE, のスタッフが企画提案・主導したプロジェクト『泊まれる演劇』でした。

ホテルは、しばしばひとつのショーに例えられます。豪華絢爛な舞台（＝ホテル空間の〝表側〟）があり、衣装（＝制服）に身をつつんだ役者たち（＝ホテリエ）がそれぞれのロールを全うしながら、観客（＝ゲスト）の素晴らしい一夜を演出する。ゲスト側からすると、さも当たり前に感じられるかもしれませんが、ホテル側から見れば、お客さんの体験している物語を途切れさせずに、より素晴らしいものになるように、24時間365日show must go onしている。ホテルと演劇は、「舞台装置と役者の力によって、物語の世界に没入する場所」ともいえます。

「**イマーシブシアター**（immersive theater）」という言葉を聞いたことがあるでしょうか。日本語では「没入型演劇」と直訳される、新しい演劇の手法です。通常の演劇は、観客は座席に座って舞台上で進行する物語を一方的に目撃する、という構造になっています。演劇に限らず、映画や小説、漫画など、ほとんどのエンタメはこの形式で成り立っています。

ところが、イマーシブシアターとは、決まった客席やステージがあるわけではなく、空間全体が舞台となっており、観客も物語の登場人物のひとりとして、舞台空間全体を歩き回ったり、役者とコミュニケーションをとったりと、主体的に行動しながら物語を体験します。観客の行動選択によって、鑑賞できる物語が変わったり、物語の結末が左右されたりすることもあるのです。

イマーシブシアターは、海外ではニューヨークと上海を拠点に活動する『スリープ・ノー・モア（Sleep No More）』などのカンパニー（劇団）が著名ですが、アイディアを着想した2019年当時は日本国内ではまだほとんど知られていないエンターテイメント体験でした。

ホテルは、その所在するエリアによって繁忙期や閑散期があります。エリアに観光コンテンツがなくなる閑散期に低価格競争に陥らないようにするには、ホテル自体を目的地として、強い動機をもって遠方から泊まりに来てもらえるようにしなければなりません。

ホテルに泊まるという宿泊体験そのものに特別な付加価値をどうもたらしたらいいのか――そうした課題感から生まれたのが、『ホテル空間でイマーシブシアターを上演する』というアイディアだったのです。ホテルにチェックインし、ディナーを楽しみ、夜を明かし、朝食を食べ、チェックアウトする、という一連のホテルの体験に、演劇の力で強い物語性を持たせ、一期一会の体験をゲストにご提供することを考えたのです。

この宿泊型イマーシブシアターという構想は、世界的に見ても類を見ないアイディアでしたが、ひとりのプロジェクト責任者の熱意によって、脚本家や演出家、舞台・音響・美術に俳優と、多くの演劇関係者の共感と支援を集め、2020年にプロジェクトをスタート。

当初はコロナ禍の影響もあり、オンライン上演での開催から始まりましたが、回を重ねるごとに順調に動員数を伸ばし、2021年にはHOTEL SHE, KYOTOを1ヶ月貸し切りで『泊まれる演劇』を上演。その後、多くのファンの後押しを受け、ロングランを重ね、2023年には京都・大阪の2施設で5ヶ月連続公演を実現するなど、着実に事業を伸ばしています。

この『泊まれる演劇』の存在によってHOTEL SHE,の閑散期は無くなったといっても過言ではなく、プロジェクトスタート以降、13作品、465公演を開催、総動員数約9000人、総売上約2億円を達成し、名実ともに日本のイマーシブ市場、そしてホテルエンタメ市場の最先端を行く事業へと成長しています。

このように、価値の再定義を通じて異質なものとマッシュアップすることで、異なる複数の市場に訴求することができるのです。

コロナ禍での〈ホテル×社会福祉〉

コロナ禍の中では、ホテルと社会福祉を掛け合わせたアイディアも多く生まれました。

これまで、私の周りの起業を志す人の多くが、「日本にはペインがない」とこぼしているのを耳にしてきました。ペインとは、顧客が対価を払ってでも解消したいと思っている悩みや課題のこと。世界第3位の経済大国として、文化的先進国として、すでに多くの人々が豊かな社会生活を享受しており、そこには新たな事業参入の機会がない、というのです。

個人的には同意しかねる主張ですが、日本の市場がすでにかなり成熟しており、何か新しく事業を始めようにも多くのフロントランナーがいる中で背中を追うように青息吐息で事業を伸ばさなければならない、という意味では一理あるのかもしれません。

しかし、コロナショックによってその様相は一変したのです。世界中の80億人の人々が同時多発的にライフスタイルの変化を余儀なくされ、あまりにも多くの身体的・社会的なペインに直面し、そして事業者側はそのペインを解消するために、大企業もスタートアップも、同じスタートラインから走り出すことになりました。

世界規模で新たな課題が生じ、今までの成長競争がリセットされるチャンスである——

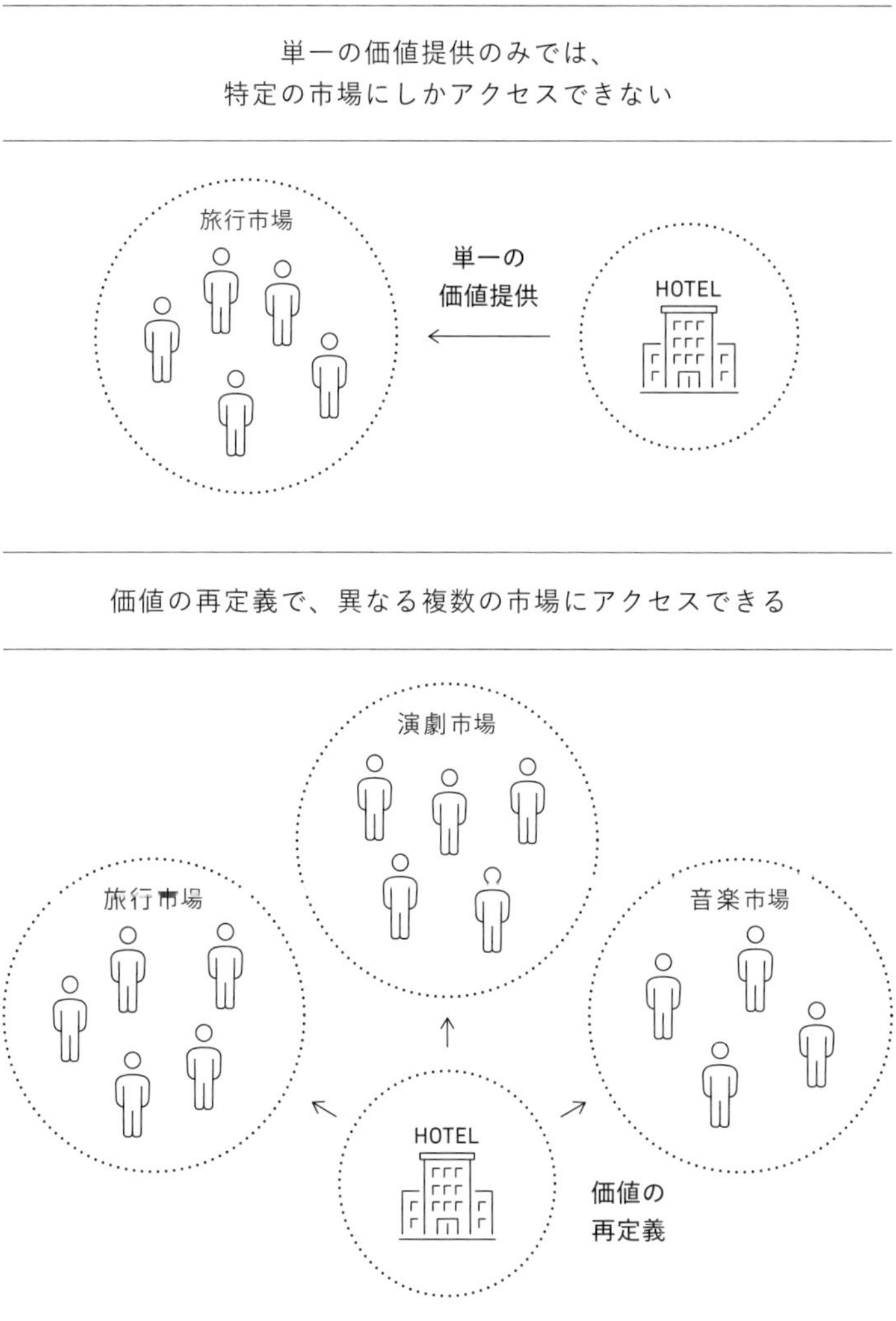

図14　異質のものとのマッシュアップで、複数の市場に対して価値提供できる

そう思うと、小さなホテルカンパニーである私たちでも、世の中にはびこる問題を解決することができるかもしれない、という可能性を感じたのです。

そういう視点で世界をまなざした時、**ホテルの持つ「生活環境を提供できる場所」であるという強み**に改めて気づきました。世の中には情報を提供できる事業者も、モノを提供できる事業者も溢れかえっていますが、環境を提供できる事業者はそう多くありません。ましてや、長い時間を過ごす「生活環境」を提供できる事業者はホテルくらいです。

「人が人をケアする空間」として生活環境をハード・ソフトにわたってコーディネートすることができる場という社会インフラにもなりうるという、ホテルの新たな価値が見えてきたのです。

ホテル×シェルター：ホテルシェルター

当時、SNSを開けばそこでは「stay home, stay safe」の大合唱が繰り広げられていました。もちろん、感染の拡大を防ぐには人の移動を極力控えなければなりません。ただ、ホテルという現場で働く人々にとっては、stay homeは、文字通り仕事を失ってしまうことでもありました。同時に、エッセンシャルワーカーはstay homeすることが叶わず、かといって自宅に帰ることが必ずしも安全ではない（家族に感染させてしまうかもしれない）という状況に、社会構造の大きな歪さを感じていました。

その時ふと、stay homeすることが必ずしも安全ではない方々がいるのではないか、と感じるようになりました。配偶者からのDVや親からの虐待に晒された当事者の方々や、家族関係がギスギスしている方、あるいはそこまで行かずとも自分ひとりの時間・空間を持てないことが強いストレスになる方など、stay homeする以外の選択肢を必要としている人々がいるのではないか、と。

そうして、稼働率が下がってしまったホテルと、stay homeすることがベストな選択肢ではない方々をマッチングさせるためのプラットフォーム『HOTEL SHE/LTER（ホテルシェルター）』を企画、エンジニアたちと不眠不休で開発し、緊急事態宣言の発令の2週間後にリリースしました。

全国の客室が空いているホテルに1週間2万5000円から宿泊することができるそのサービスは、リリース後1週間でウェイティングリストに500名近い方からの利用希望が、そして2000室以上のホテル事業者から掲載依頼が殺到。20以上の媒体で取り上げられ、大阪市港区と包括連携協定を締結するなど、社会インフラとしてのホテルのあり方の第一歩を踏み出したのです。

強いアイディアは、常識を裏切る組み合わせから

　ここまでさまざまな事例をご紹介してきましたが、**アイディアを生み出そうとする時の決め手は、「常識を裏切る」ようなマッシュアップとなっているかを意識する**ことに尽きます。なぜなら、常識通り、セオリー通り、既視感のあるものでは世の中に埋没してしまうからです。定石から外れた打ち手だからこそ驚きがあり、人々の心が思わず動く。

　例えば、〔ホテル×フレンチ〕という組み合わせでいうなら、ホテルでフレンチのフルコースを味わうことができるのは世の中的にはごく一般的で、ある意味、凡庸です。では、〔ホテル×シーシャ（水タバコ）〕ではどうか。シーシャといえば、通常は雑居ビルの一角にある、レゲエミュージックのかかった薄暗いバーで提供されるのが一般的です。普通、ホテルに滞在してシーシャが供されることはまずないですよね。すると、「一体どういうことだろう?」と思わず気になってしまう。

　実際、私たちが経営していた層雲峡温泉のホテルでは、エリアの霧がかった空気感を表現するために、ディナーコースの後にシーシャを楽しんでもらえる時間を設けていましたが、これが好評を博し、わざわざ遠くから層雲峡に足を運ぶ方もたくさんいました。

あるいは〔ホテル×フレンチ×砂浜〕の二重の掛け合わせならどうでしょうか。「ホテルでフレンチ」自体には全く驚きがありませんが、波打ち際にダイニングテーブルを設置して、潮風の中でフレンチをいただくことができるとしたら、意外性があって美しい情景も浮かび、魅力的に感じることでしょう。

私たちがリブランディングした小笠原諸島・父島にある『風土の家 TETSUYA』というオーベルジュでは、日が暮れる前に近所のビーチでシャンパンや食事を楽しむことができる「サンセットアペリティーボ」というサービスを用意しています。

このように、**常識の枠外で、異質なもの同士をマッシュアップしている組み合わせ**からは、新鮮な驚きが生まれ、人の心が動きます。

「ルールを破らずして、ルールの外側に出るためには、ルールを学ばなければならない」という言葉を私はモットーにしていますが、常識を裏切るにはまず、世の常識を高い解像度で把握しておくことが大切です。

さまざまなものに対する世の中の一般的な感覚はどこにあるのか、人が無意識に抱いている先入観は何かを知り、それらを覆していく方法を見つけていくことが、突破力のあるアイディアを発想するための必須条件となります。

第6章

誘い文句をデザインする

――人口に膾炙する物語の生み出し方

「どう発信するか」から「どう発信していただくか」へ

本章では、アイディア（や企画）が世の中に広がるようにするためのPRの考え方、つまり人口に膾炙させる方法についてお伝えしていきます。

頭を捻って斬新なアイディアを思いついたとしても、世の中の人々に知ってもらい、購買行動につながらなくては机上の空論。ただ「いいアイディアだね」「素敵なプロジェクトだね」といったスケール感にとどまらせるのではなく、事業に非連続な成長をもたらすクリエイティブジャンプを具現化するためには、アイディアがしっかりと世の中に広がる必要があります。

というと「情報発信を強化していきましょう」という話になりがちですが、私の考えは全く逆です。よく「SNSでどのように効果的な発信をしたらいいのか」という相談を受けますが、結論からいうと、**考えるべきは「どう発信するか」ではなく「どう発信していただくか」**です。

仮にある企業アカウントに1万人のフォロワーがいたとしても、1万人にしかリーチすることができません。しかし、1000人のフォロワーがいるマイクロインフルエンサーが１００人発信してくれれば、それだけで10万人にリーチできることになる。つまり、自らの言葉で発信を行うのではなく、**他者の言葉に乗せてもらいながらサービスやプロダクトの情報を世の中に広げていく**ことが重要なのです。あくまでそのための素材提供として情報発信をすること、つまり「誘い文句をデザインする」ことが、事業者の果たすべき役割なのだと思っています。

そう考えているのには、２つの理由があります。

ひとつは、今の時代、通常の広告やプロモーションでは、コンテンツメーカーたちとの競争において、継続的に勝ち切ることは非常に難しいからです。エンタメ戦国時代の荒波の中で、アイドルにお笑い芸人にアーティスト、ドラマやアニメに漫画やゲーム、YouTuberにTikTokerにpodcasterと、ありとあらゆるコンテンツメーカーがそれぞれのメディアに特化してしのぎを削っている。そんな彼らがつくり出すものより面白く、人々の関心を惹きつけることができるでしょうか？

もちろん、全く可能性がないわけではないですし、広告に意味がないと言いたいわけではありません。ただ、これだけ面白いコンテンツが溢れているご時世に、素朴に発信をするだけでは見向きもされない可能性がとても高いのです。

もうひとつの理由は、世の中のメディアリテラシーが向上したことで、マスメディアや利害関係者の発信する情報はニセモノの可能性がある、という漠然とした認識が社会全体で共有され、情報に対するエンゲージメントが低くなっていることが挙げられます。

ＳＮＳの浸透により情報の非対称性が大きく是正された現代において、リアルなコミュニティで交換される情報にこそ価値が宿っています。テレビＣＭなどの莫大なコストをかけたマスマーケティングが果たす影響力も依然としてありますが、今や消費行動への影響は限定的で、**マーケティングの主戦場はリアルな消費のシーンに近い、スモールコミュニティの中のマイクロインフルエンサー**（ここでは、フォロワー５００～５０００人程度の一般的なＳＮＳユーザーを指す）に移行しているのです。

実在価値から社会関係資本価値の時代へ

今の若い世代の方々は時計も車もマンションもあまり買いません。それは、収入の低下やシェアエコノミーの浸透などの影響もあるかもしれませんが、マスマーケティングの影響をあまり受けなくなっている、つまりメディアや広告の言うことを鵜呑みにせず、個々の価値観で判断するようになっていることが背景にあります。

それ以上に「友達がやっているブランドの服を買う」といった行動に象徴されるような、

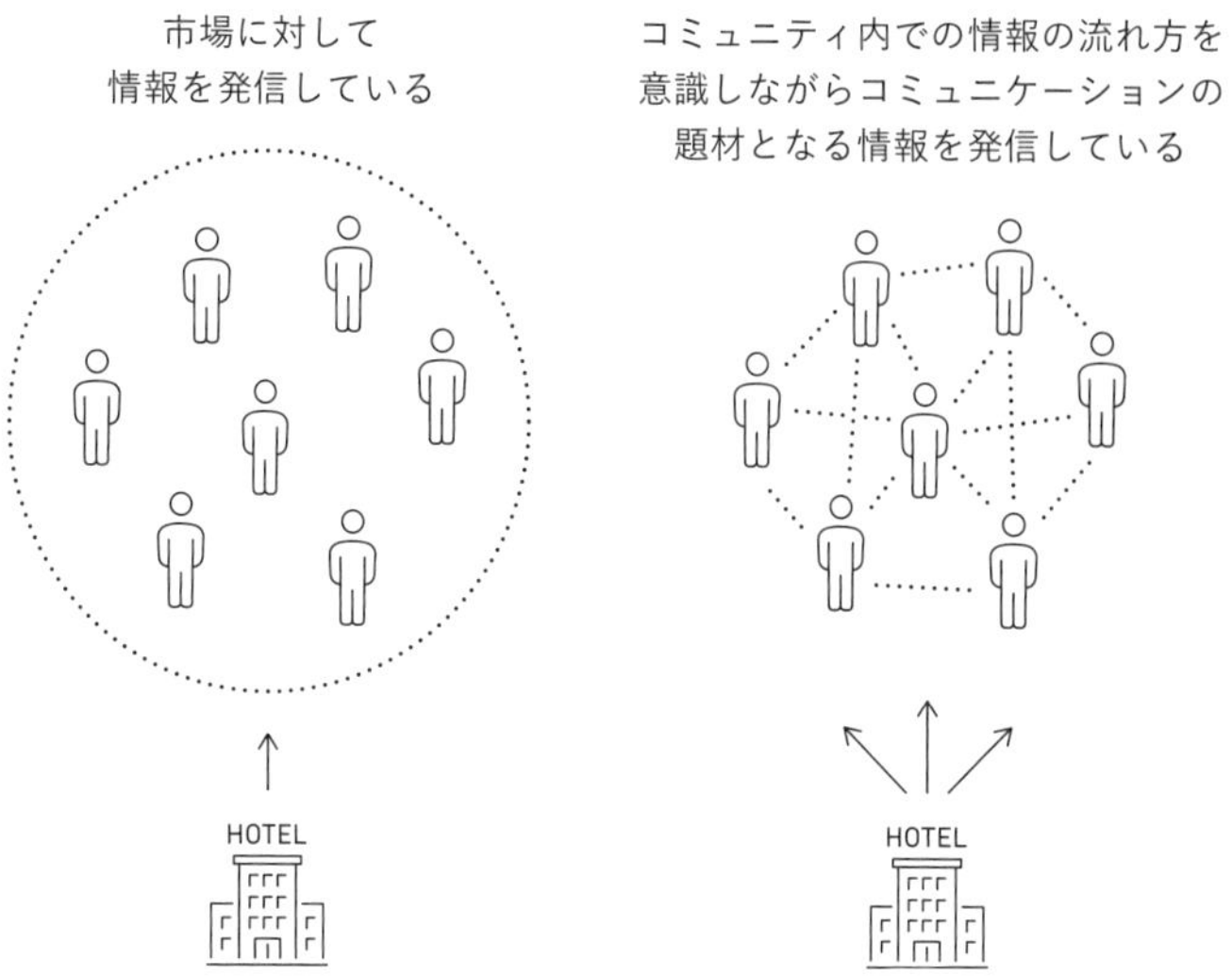
市場に対して
情報を発信している
コミュニティ内での情報の流れ方を
意識しながらコミュニケーションの
題材となる情報を発信している
HOTEL
HOTEL
図15　マスマーケットへの訴求から近しいコミュニティへの訴求へ

消費の価値観の変化が根底にある。どのブランド・メーカーで買っても品質に大差はないため、受け取る効用がほぼ同じなら、**自身にとって意味と美意識のある消費——精神的な満足度を高め、社会関係資本（人と人との信頼やネットワークを資本として捉える考え方）を高めることにも寄与する消費をしたい**という傾向が高まっているのです。

これは、プラットフォームの巨大化に伴い、中間事業者が解体され、大規模事業者と小規模事業者を中心としたロングテールな市場が形成されていることも背景にあるのでしょう。見ず知らずの誰かではなく、友人知人をはじめとする近しいコミュニティの人たちから商品を購入する人も増えています。

それゆえ事業者は、サービスやプロダクトを購入し、使用してくれる一人ひとりの顔や背景を意識しないと意味ある商品を生み出すことはできません。つまり、**自分の商圏をつくる必要がある**のです。

これはなにも、自身をカリスマ化したり、コミュニティビジネスをしようという話ではありません。そもそも個人の人間的魅力や物語性による訴求では、継続的に消費行動を喚起することは難しく、再現性に欠けます。そうではなく、「世の中にすでに存在しているコミュニティの中でのコミュニケーションに、自然と乗せてもらえるよう情報を設計する」ことが重要なのです。

イノベーター理論と人間心理

ここで、みなさんの所属しているコミュニティをイメージしてみてください。同じコミュニティだからといって決して均質な人たちが存在しているわけではないですよね。

多様な人々がコミュニティ内でなんらかの役割を担っており、例えば音楽といえばこの人、グルメといえばこの人、ファッションといえば……といった具合に、ジャンルごとに一目置かれている人がいて、そのオピニオンリーダーのおすすめの影響を受けて意思決定することも少なくないのではないでしょうか。

購入の決め手に欠ける時ほど、そんな身近な権威の裏付けによって、検討する時間を節約したり、失敗のリスクを減らすことができたりするので、消費の意思決定は、利害関係のない第三者からのレコメンドに大きく左右されるといえます。

「イノベーター理論」という「新しい商品・サービス、ライフスタイルや考え方」などが世の中に浸透する過程を5つのグループに分類したマーケティング理論があります。1962年にアメリカ・スタンフォード大学の社会学者 エベレット・M・ロジャーズ教授（Everett M. Rogers）によって提唱された理論で、マーケティング戦略や市場のライフサイクルの検討の際に参考になるスキームです。著書『イノベーションの普及』（三藤利雄訳、翔泳社）によると、消費者は次の5つの区分に分けられます。

①イノベーター（革新者）

最も早くイノベーション（新しいサービスやプロダクト、価値観）を採用する層のことで、市場全体の約2・5%を占めている。情報感度が高く冒険好きで、経済的損失等のリスクを負ってでもイノベーションを積極的に採用しようとする。

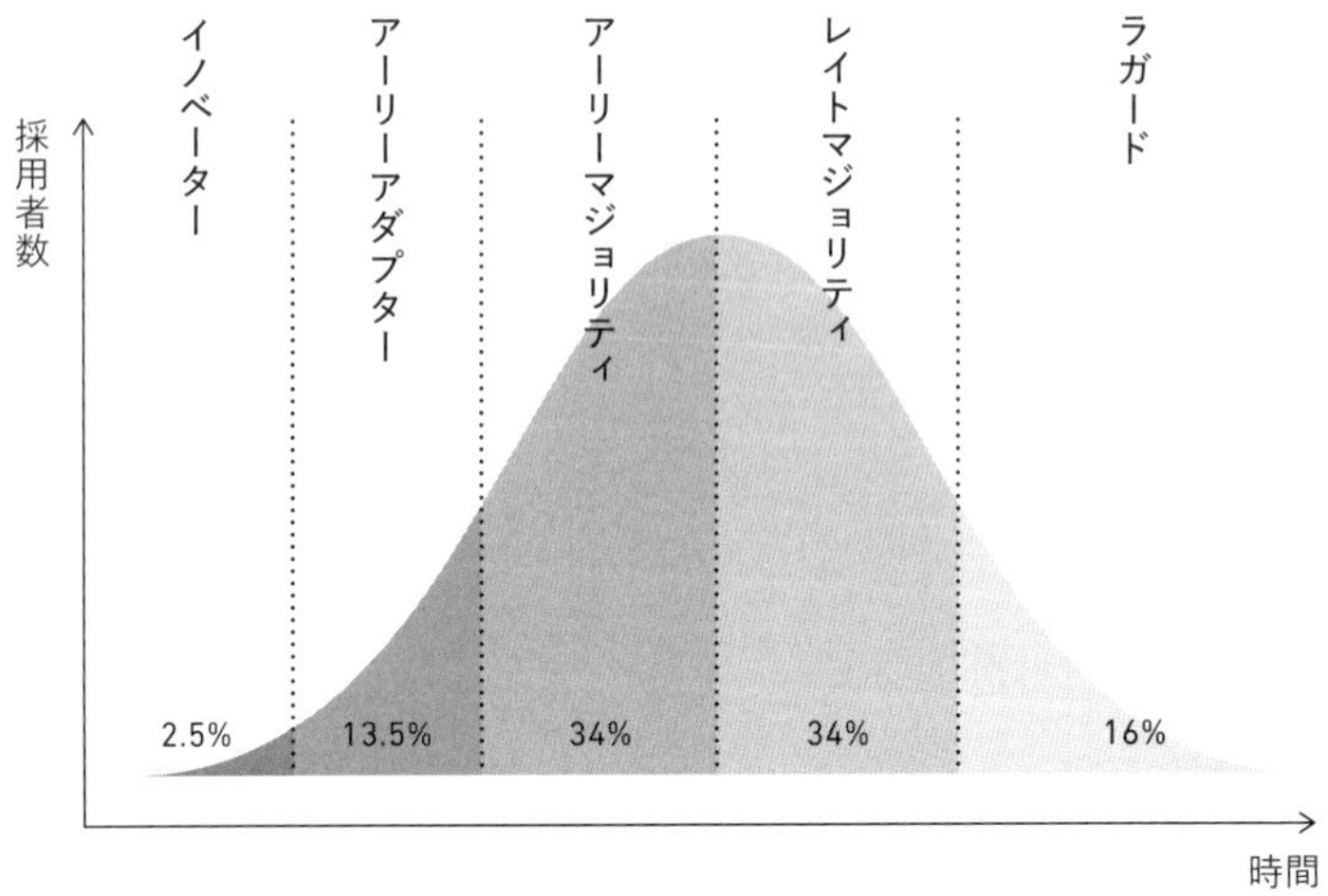

図16　イノベーター理論：消費者の5つのタイプ

②アーリーアダプター（初期採用者）

イノベーターほど先進的ではないものの、比較的早い段階でイノベーションを採用する層で、市場全体の約13・5%を占めている。コミュニティ内において有識者と見なされており、オピニオンリーダーとして周囲に主観的な評価を伝える性質がある。

③アーリーマジョリティ（前期追随者）

平均よりは早い段階でイノベーションを採用するものの、比較的慎重なスタンスをとっている層で、市場全体の約34%を占めている。「流行に乗り遅れたくない」という欲求が強く、マスメディアやクチコミの影響を強く受けながら取り入れるかどうかの意思決定を行う傾向にある。

④**レイトマジョリティ**（後期追随者）

イノベーションを採用をしている人が半数以上を超えてから検討を始める層で、市場全体の約34％を占める。新しいものに対して懐疑的かつ消極的で、慎重に不確実因子を排除した上で採用可否を判断する。

⑤**ラガード**（遅滞者）

イノベーションを最後に採用する層で、市場全体の約16％を占めている。新しいものに対する拒絶感情があり、認知から意思決定までの期間が長く、非常に注意深く検討したうえで採用を検討するか、あるいはそれでも敢えて不採用を貫く人も存在する。

ひとつ注意点として、イノベーター理論は、その人自身が先進的か、保守的かを判断し固定化するものではありません。例えば、iPhoneが日本に上陸した際には頑なにガラケーを使い続けていたラガードだった人が、サウナブームの際にはアーリーアダプターとして日本中のサウナをめぐることもあります。イノベーター理論はあくまで、特定の価値観やライフスタイル、商品に対してどのように反応するかを示したものです。

人は模倣する生き物である

イノベーター理論で最も注目すべきは、イノベーターとアーリーアダプターを除く市場の**84％の人はフォロワーであり、周りの人の選択肢を模倣するような消費者である**ということです。

みなさんも、自身の行動を振り返ってみてほしいのですが、例えば旅行の行き先を決める時、どこまで純粋に自分の意思だけで決めているでしょうか。「周りにチュニジアに行ったことがある人なんてひとりもいないけど、私は絶対に行くんだ！」といったケースは非常にレアだと思います。「友達がフィンランドでサウナめぐりをしていたな、私もしてみたいな」「知人がアメリカのポートランドでワーホリをしてたな、素敵な街だと聞くけれどどんなところなんだろう」。そんなふうに旅先を決めることがほとんどではないでしょうか。

多くのシチュエーションにおいて、人は他の人がとった行動パターンをトレースします。ほとんどの人は冒険をせず、周りの人が行っている場所、買っているものを真似ている。

逆にいえば、あるコミュニティにおいて、イノベーターとアーリーアダプターに相当する**16％程度の人にとって「行ったことのある場所」や「使ったことのある商品」になるこ**

とができれば、自然と次のお客さんを呼び込む好循環をつくれるようになるのです。現実的には、30人規模のコミュニティなら3〜5人（10〜16%相当）のユーザーやファンがいれば、「みんな行ってる／使っているから気になる」話題のサービスやプロダクトになると理論上は説明でき、これは私の肌感覚とも一致します。

とはいえ、たった数十人のコミュニティにリーチしても、自社の事業の成長曲線を変えるにはインパクトが小さすぎると思う方もいるかもしれません。ここで押さえたいのは**「ネットワークの閉鎖性**（closure）」という概念です。これは「みんな○○している」という時の「みんな」とは果たしてどの範囲までを指しているのか？　をクリアに示してくれます。

小さい子が、「みんなバレエやっているから私もバレエを習いたい！」と駄々をこねたりしますよね。そういう時、実際に指折り数えさせてみると、バレエを習っているのはクラスメイトのほんの数人に過ぎなかった、というのはよくある話です。自分自身に置き換えてみても、こうした感覚は日常生活の中で心当たりがあるのではないでしょうか。

このように「みんなやっている」という印象には大きな危うさがあると同時に、その曖昧さを逆手にとって「みんなやっている」と錯覚させることができます。特にテレビなどのマスメディアの影響力が小さくなっている今、「みんな」とは市場全体を指すわけではなく、ＳＮＳなどから見えるその人の所属するコミュニティにおける「数名」だったりします。

人的ネットワークの中では、無数のコミュニティが存在していますが、**いくつかのコミュニティ内で核となる数名のファンを増やすことで、コミュニティ全体のマインドシェア（消費者の心に占めるブランドの占有率）を獲得することができる可能性がある**、ということです。

各コミュニティは分散的に存在しながらも、人を結節点として他のコミュニティにもゆるく相互につながっています。そのため、ひとつのコミュニティで認知をとったもの（価値観やブランド、サービスやプロダクトなど）は、結節点となっているコミュニティのメンバーを介して近接するコミュニティへと伝播していきます。

また、人は複数のコミュニティに所属していますから、ひとりが発信する情報は、複数のコミュニティに対して作用する可能性がある。つまり、**特定の界隈において、局所的に「みんなが利用している」状態をつくる**ことで、コミュニティネットワーク内でのバイラル（情報がクチコミで徐々に拡散していく）を通じて、オセロのように次々と顧客層を拡大していくことができるのです。

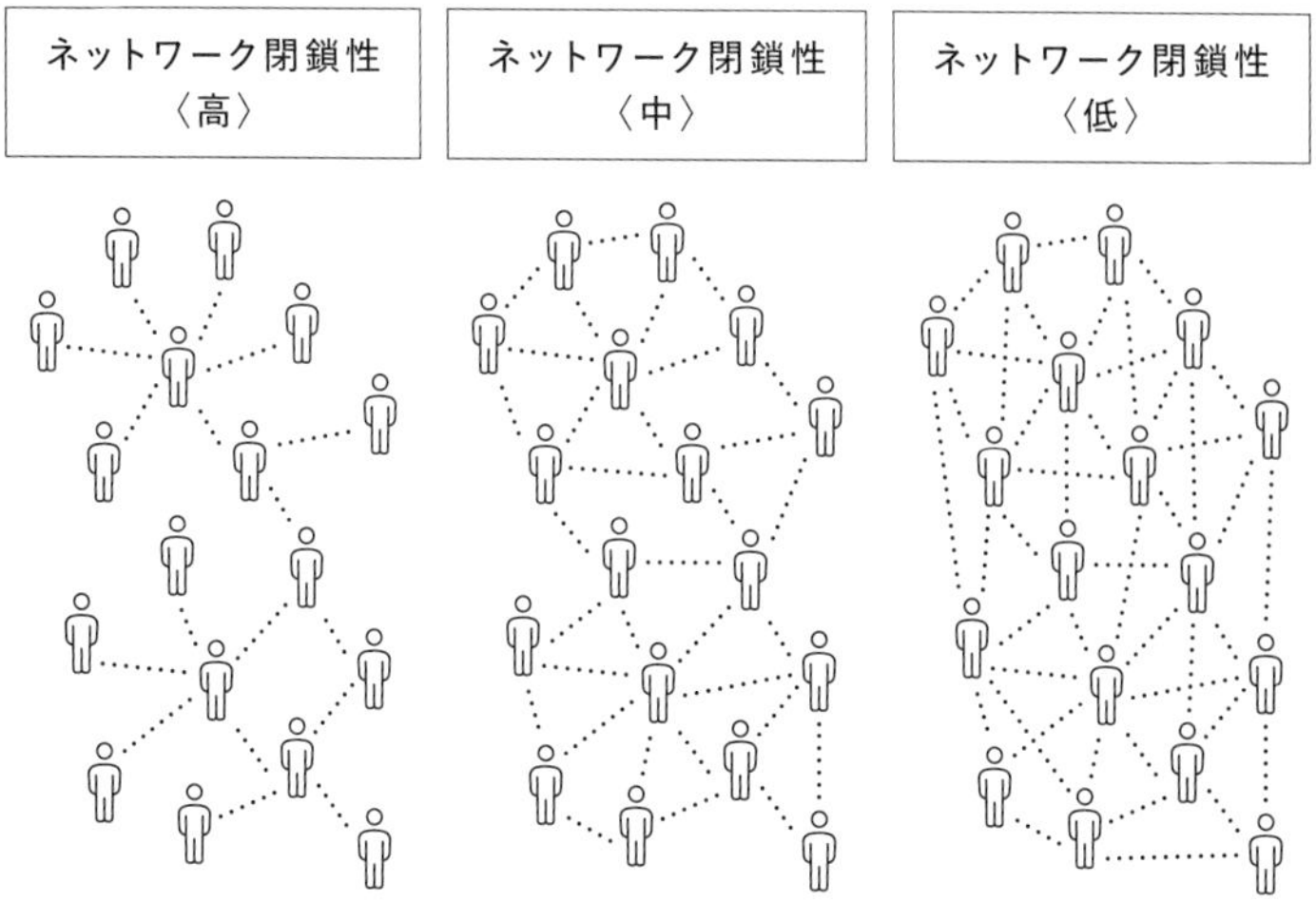

コミュニティは分散しつつも、人を結節点として連帯している。
ひとつのコミュニティで認知をとった概念は近隣のコミュニティへ伝播する

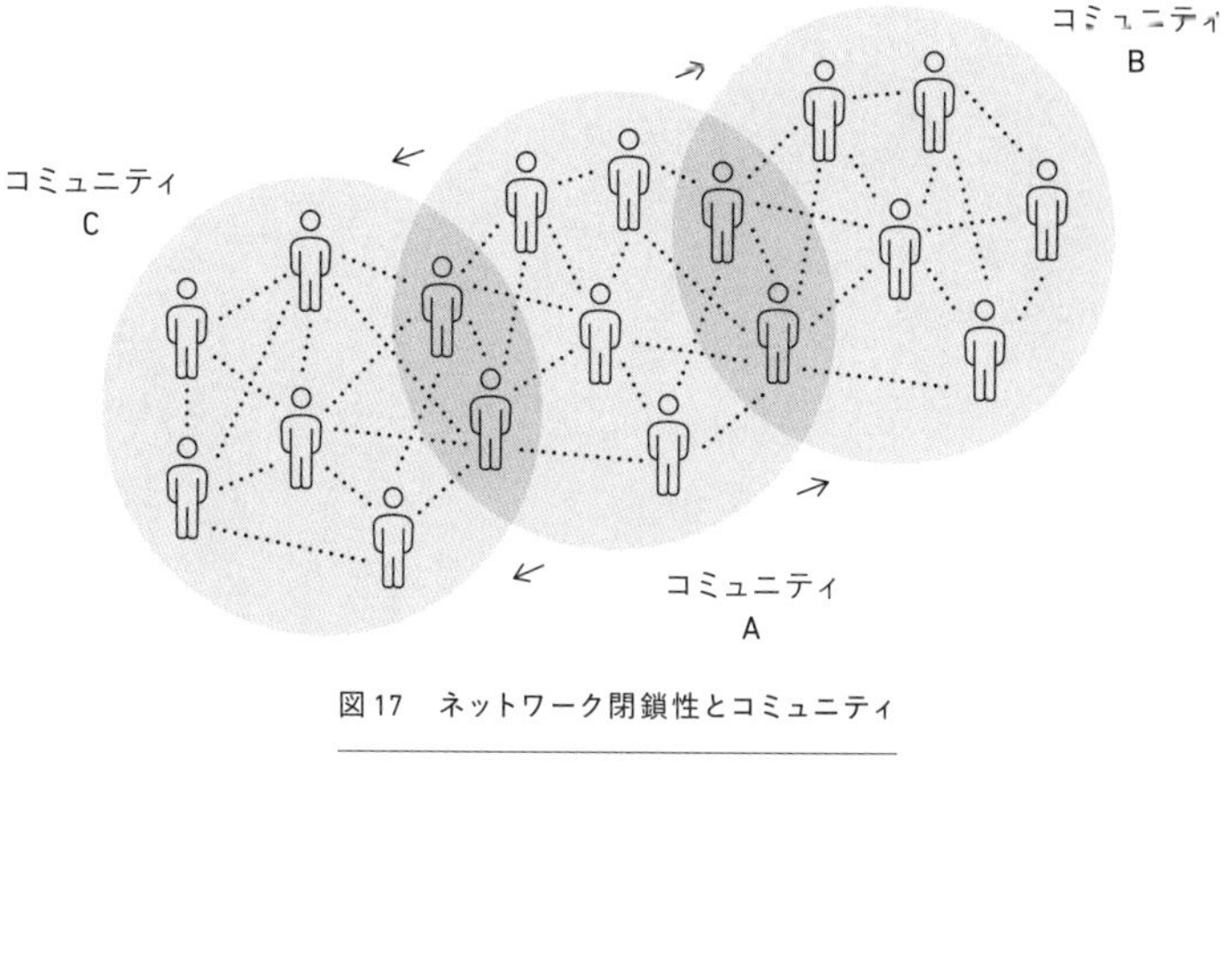

図17　ネットワーク閉鎖性とコミュニティ

それゆえ特定のコミュニティの人をあるブランドの潜在顧客にするためには、お客さんにそのブランドを選択したことを表明してもらうことが不可欠です。特にマイクロインフルエンサーに、オーガニックなレビューを発信してもらうことが非常に大切になってくるのです。

誘い文句をデザインする

では、あるブランドを選択したことをコミュニティに対して表明してもらうにはどうすればいいのでしょうか？　キーワードになるのは「**UGC**」（User Generated Contents）です。企業やブランドではなく、一般ユーザーによって制作・発信されたコンテンツのことで、ここでは特に、ＳＮＳなどに投稿された写真や動画、レビューや、ユーザーのクチコミなどを指しています。いかにお客さんからコミュニティに対してＵＧＣを発信してもらうかがＰＲ戦略の鍵を握ります。

そう考えるようになったきっかけは、HOTEL SHE, KYOTOを運営していた２０１６年のこと――当時、ＯＴＡ経由ではなく直接予約で来てくれるゲストをなんとか増やしたいがために、チェックアウトするゲストに10％ＯＦＦクーポンを渡し、ご友人を紹介していただくようせっせと一人ひとりにお願いしていました。

でもみなさんがもしこうしたクーポンを渡されたとしても、多くの場合ゴミ箱に捨ててしまうのではないでしょうか。ある時ついに、「紹介していただけませんか?」とゲストに頭を下げるのでもなく、「割引しまっせ」と利益を削るのでもなく、ゲストが思わず自分の友人に「こんなホテルに泊まったよ」と伝えたくなるようなホテルにしないと意味がないことにようやく気がつきました。

またある時、友達がホテルに泊まりに来てくれた際、「記念に一緒に写真を撮りたいんだけど、どこで撮ったらいい?」と尋ねられました。当時のHOTEL SHE, KYOTOでは、ラウンジでプロジェクションマッピングをしていたり、クラブのような色とりどりの空間照明が施されていたりと、ホテルとしては斬新な空間演出を凝らしていました。にもかかわらず、写真を撮ってみると、どこで撮ってもいまいち写真映りが良くありません。

後日、その友人のSNSを覗いてみると、道路から撮影されたHOTEL SHE, KYOTOの看板の写真に、「翔子ちゃんの経営しているホテルに泊まったよ」というテキストが添えられていました。自分がHOTEL SHE, KYOTOで表現したかったこと、ゲストに感じてほしかったことは、この投稿には全く反映されておらず、むしろどうやってこのホテルを形容しようか友人が逡巡した気配すら漂っていました。この時、HOTEL SHE, KYOTO

が、お客さんからしたら、その価値をなんとも説明しづらい空間になっているのだということを痛感しました。

当時働いていたあるスタッフが**「このホテルは可愛いけど、写真を撮りたくなる場所がない」**と言っているのを耳にした時、「それがすべてだな」と思いました。ホテルの空間づくりにおいて、個性や新規性を追求してきたつもりでしたが、それは、お客さんが発信したいものと大きくズレてしまっていたのです。

では、お客さんに良質なＵＧＣを生み出してもらうにはどうしたらよいのでしょうか？

例えば友達と居酒屋で飲んでいて、最近行った旅行の話題になったとします。目の前にいる友達が、「最近泊まったホテルがすごく良くてさ〜。部屋もいい感じだし、景色もいいし、最高だったわ」と話してきたとしましょう。そのホテルにぜひ泊まってみたいという気持ちになりますか？

優しい方であれば「そうなんだ、休暇を楽しめたみたいで良かったね」といったリアクションを返すかもしれませんが、辛辣めな関西人なら「え、オチは？」で一蹴されて終わりです。この友人にとってどんなにこのホテルが高評価でも、凡庸な言語化では周りの人には伝わらず、行ってみたいという感情を喚起することはできないのです。言語化が得意な人であったとしても、曖昧な魅力を人に伝わる形にするのは骨が折れるものですから、多くの人にとってそんな余力はないでしょう。

人は雑談をする時、「その話題が相手にとって価値がある情報か」「その話題で場が盛り上がるか」「その話題を提供することで自分のステータスが上がるか」といった観点から無意識に判断をしながらトークテーマを選んでいます。逆にいえば、相手にとって価値ある情報であったり、場が盛り上がったりするなど、その話題を提供することにメリットがあれば、自ずと情報は話題にのぼる可能性が高くなります。

例えば、もし友人が振ってきた話題がこんな感じだったらどうでしょうか。

「この間行ったお店がやばくてさ。京都の山奥にある、ジビエを出してくれるレストランなんだけど、22歳、19歳、17歳の三兄弟で経営しているのよ。で、3人とも包丁を研ぐのが趣味らしくて、毎日3時間包丁を研ぐんだって。そんな包丁で切った肉を食べた時、口当たりが変わるだけでこんなに味が違うんだって感動しちゃった。食材も近くの山で摘んだ山菜とか、自家農園の野菜とか、猟で仕留めた鹿とか出してくれるし、ほんと最高だったよ。絶対予約取れなくなるから今のうちに行ったほうがいい」

もしも、こんな話を聞いたら俄然気になりますよね。「え、三兄弟で経営ってすごいね」「めっちゃ若くない?」「刃物3時間研ぎつづけるってクレイジー過ぎる」と、リアクションをとるポイントも多く、会話が盛り上がります。サービスやプロダクトが高品質であることは大前提として、「美味しい、綺麗、良かった」だけでは人は動きません。「どう良いのか」ではなく、**「どう他と違うのか」を、お客さんが自分の言葉で生き生きと語りたくなるサービスを設計する**ことが大切なのです。

「お客さんが思わず人に教えたくなる店」になるには、「そのお店の情報を話題に上げることで会話が盛り上がる」ことが必須要件です。渋谷の居酒屋で、南堀江のカフェで、西麻布の高級フレンチの個室で、軽妙に繰り広げられる会話の中で、爪痕を残すことができるサービスやプロダクトを設計する。

そんな人口に膾炙していくキラーフレーズを設計することを私は「誘い文句をデザインする」と呼んでいます。どうすればお客さんが思わず人に伝えたくなるのか（ＵＧＣを生み出したくなるのか）、人々のコミュニケーションを想像しながら、逆算してアイディアをブラッシュアップするのです。

ＵＧＣの方程式

コミュニティ内でのマインドシェアを獲得するには、ＵＧＣをオンライン／オフラインの双方で発信してもらわないといけないわけですが、このＵＧＣの効果は次の方程式で表すことができます。

ＵＧＣの効果＝質×量
＝マッチ度×説明しやすさ

ＵＧＣの効果の最大化は、質と量の２つの軸が影響を及ぼし合うことで実現します。

ここでいう質の高いＵＧＣとは、お客さんとして来てほしい潜在顧客の方々の消費意欲を喚起できるような情報を指します。お客さんとのマッチング精度が高ければ、ゲストの満足度も上がり、自ずと良質なＵＧＣが生まれますが、マッチ度が低ければネガティブな印象を与えるＵＧＣが生まれるか、仮に満足度が高かったとしてもピントのずれたＵＧＣになります。

例えば、包丁の研ぎ方などの細かいこだわりを楽しみたい食道楽たちのためのレストランを山奥で経営しているのに、「恋人といい雰囲気でしっぽりデートできる♡コスパ最高レストラン！」と謳《うた》うＵＧＣが生まれてしまっては、それを読んでやって来たゲストとのミスマッチが生まれ、ブランド毀損《きそん》につながります。いくらＵＧＣが多かったとしても、ネガティブなレビューやブランドの趣旨とずれた情報では意味がないどころか、事業の足を引っ張りかねません。

ＵＧＣはとにかく内容（質）をコントロールすることが大切で、「知ってもらいたい人に知ってもらうための努力」をすると同時に、後述する「知られたくない人に知られないようにする工夫」も必要です。

一方、どんなにいいＵＧＣが生まれていても、当然そのボリュームが少なければ人目に触れる機会が限られ、認知してもらえません。ＵＧＣの量は「説明しやすさ」に大きく影響を受けます。つまりそのブランドの特異性（他とどう違うのか）をシンプルに、かつ状況を想像できるように説明しやすいかどうか、ということです。

たとえどんなに素晴らしくても、「お料理が美味しくて、景色も素敵で、お店の人も親切で〜」といった凡庸な説明でしか形容できない内容だと、話す気も聞く気も失せてしまうでしょう。あるいは、その魅力を伝えるのに複雑な説明を避けて通れないと、「とにかくいいんだけどなんか説明しづらい」という不完全燃焼なアウトプットになりかねません。先の例でいうと、

・京都の山奥にあるジビエレストラン（情景がありありと思い浮かぶ）

・近くの山で摘んだ山菜や仕留めた獣、自家農園でつくられた野菜を提供（仕入れじゃないんだ。意外）
・若い三兄弟で経営している（多くは修業を積んだ中年のシェフによる経営。珍しい）
・包丁を異常に研いでいる（他のレストランは食材や調理法が売り。初めて聞いた）

と、**体験をありありと想起でき、その特異性をシンプルに理解できる「説明しやすさ」をサービスやプロダクトの中にあらかじめ設計する**ことが不可欠なのです。これは、サービスやプロダクトそのものを分かりやすくするべきという意味ではなく、その中に「お客さんが編集したり、引用したりしやすい素材をちりばめておく」ことが大切なのです。

ここで参考になるのが、ＳＮＳ時代の消費者の行動原理を分析した「ＤＲＥＳＳ」消費モデルです。これは実業家の古川健介（けんすう）氏が提唱する、ＳＮＳ時代のマーケティングフレームワークで、「Ｄ＝発見（Discovery）」→「Ｒ＝反応・共感（Response）」→「Ｅ＝体験（Experience）」→「Ｓ＝物語化（Story）」→「Ｓ＝共有（Share）」の頭文字を並べて「ＤＲＥＳＳ」となります。消費者の購買行動サイクルが、ＳＮＳやクチコミを通じて発見されるところから始まり、そして共有したものを次の人がさらに発見する、という循環構造になっていることを示しています。

「D＝発見」→「R＝反応・共感」→「E＝体験」→
「S＝物語化」→「S＝共有」の循環構造

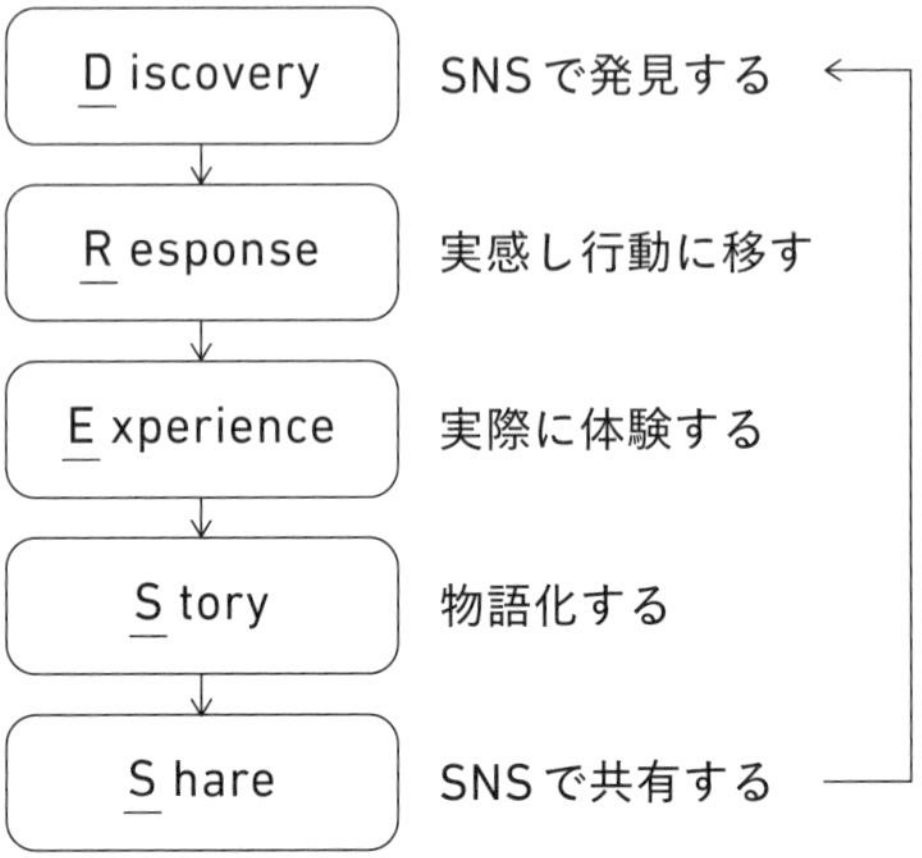

図18　DRESS消費モデル（古川健介氏理論）

このモデルに照らすと、UGCを増やすには、**共有の一歩手前にある「物語化」という段階が重要**であることが分かります。サービスを体験した後、「思わず人に伝えたくなる」物語になる必要があり、そのためには、普通とはちょっと違う部分、つまりサービスやプロダクトの魅力や世界観を象徴する形で、視覚化・言語化しやすいサービスや特色を設計し、お客さんが体験する〝物語〟に落とし込むことが大事です。

「普通とは違う部分」といっても、なにも特別にお金をかけないと実現できないわけではありません。例えばホテルの朝食の提供ひとつとっても、ただレストラン会場でイングリッシュブレックファーストを食べるのでは凡庸ですが、同じメニューでも「ピクニックブレックファースト」というコンセプトで、バスケットに瓶の牛乳やクロワッサン、ハム、チーズを入れて部屋まで持ってきてくれたとしたらどうでしょうか？　同じ味わい、同じボリュームであったとしても、お客さんからしたらその特別感をより言葉にしやすくなるでしょう。

UGCを生む、レコードのあるホテル

２０１７年のHOTEL SHE, OSAKAのホテルプロデュースは、まさに「UGCが生まれるホテルをどう設計するか」という観点も念頭に置きながら行われました。HOTEL SHE, の本質は、「メディアとしてのホテル」を営んでいること——予定不調和な出会いがあり、土地の空気感を感じられ、いつもと違うライフスタイルを試着することができることにあります。

しかし、お客さんのたった一夜の体験の中では、「いいホテルだったな」と思っていただいたとしても、多くの場合、「何がいいのか」までは言語化できません。なので、他のホテ

ルとは圧倒的に異なる「違い」を設計することに注力しました。

大阪・ベイエリアのインダストリアルセクシーな空気感を表現するため、そして「ライフスタイルを試着する」ホテル体験を実現するために、全ての客室にレコードプレーヤーを設置したことは第3章で触れましたが、これにはもうひとつ狙いがありました。それは、HOTEL SHE, OSAKAにしかない唯一無二の宿泊体験を人口に膾炙させることでした。

フロントでレコードを選んで、お部屋に持ち帰って聴く。レコードをかけながら寝落ちし、朝、音楽をかけながら身支度をする。そんな普通のホテルとは一味違う体験を提供したことで、ありがたいことに予想以上にたくさんのゲストがHOTEL SHE, OSAKAを愛し、大切な恋人やご友人に紹介してくれました。言葉で説明しても、**写真や映像に撮っても、一目瞭然にその独自性が伝わるサービス**を宿泊体験の中に設計したことで、クチコミやSNSへの発信が相次いだのです。

2019年にHOTEL SHE, KYOTOをリノベーションした時も、全ての客室にレコードプレーヤーを設置したうえで、ホテルのフロントにアイスクリームパーラーを併設しました。チェックインがアイスクリームカウンターで行われたらわくわくしますし、アイスは老若男女を問わず世界中で愛されているグローバルフードで、最果ての旅のオアシスにぴったりだと思ったのです。そして朝食のメニューはアメリカンダイナー風のワッフルにし、アメリカ文化の象徴でありアンチテーゼでもあるクラフトコーラを添えました。

このことが功を奏し、多くの人々がクチコミで周りの方に紹介してくれた結果、それまで5％程度だった直接予約率が、リニューアル後は50％に跳ね上がり、まさしく〝指名買い〟で予約するゲストに多く恵まれていったのです。


人は「良かったよ」とだけ聞いても納得せず、なぜいいのかという理由を無意識に求める生き物です。HOTEL SHEはレコードプレーヤーやアイスクリームがなくても普通にいいホテルだと思いますが、何らかの特徴がないと、なぜいいホテルなのかを説明する根拠がなくなってしまいます。「いかにいいか」の言語化は難しくとも、実際に経験した他のホテルとは異なる宿泊体験を、お客さんの〝物語〟として説明することは容易です。

古来より、人は旅をし、その思い出を書き留めてきました。現代がSNSの時代だからとかに関係なく、旅に出て、そこでの体験を言語化したり、写真に撮ってアーカイブしたりするというのは、旅人の本能に近い行動様式なのかもしれません。にもかかわらず、旅先での体験を言語化できなかったり、良い写真に残せずに終わってしまうのは、お客さんにとって不完全燃焼としか言いようがありません。

ただ素晴らしい旅先の夜を提供するだけではなく、そこでの**体験をお客さん自身のフィ**

ルターを通して記憶・記録に残すところまでをサポートしきるのが、現代の観光業のおもてなしだと思うのです。そのためにも「いかに良いか」の言語化をお客さんに丸投げしてしまうのではなく、体験した事実をシンプルに説明するだけで、現地での写真をシェアするだけで、受け手にその特異性が伝わるような、編集可能な素材を宿泊体験の中にちりばめることが大切なのです。

再発信を呼び込む情報発信

では、ゲストにUGCを誘発するために、自社からはどのように情報を発信すればいいのでしょうか。ポイントは、**お客さんの発信の手助けになるような情報を発信**するということです。

例えば、あるレストランに行く場合、多くの人が「どんなところかな」と公式HPを見たうえで、メディア記事やレビュー投稿も軽くチェックしてから訪問すると思います。そして、実際いいお店だったら、記事で見かけた構図を参考に写真を撮ったり、Webの説明文を参考にしながらSNSに書き込んだりするのではないでしょうか。

したがって情報を発信する時、お客さんが再編集・再発信しやすい情報を提供すること

――サービスの世界観を表現し、お客さんにどのように語っていただきたいかを設計したテキスト・ビジュアル素材を提供する場としての役割が必要とされるのです。

HOTEL SHE, の場合は、**お客さんが写真を撮る際に参考にしやすい構図やポーズの写真をSNSにたくさん掲載することで、ゲストの投稿の呼び水としています。**誘い文句をデザインする際、単にどのようなテキストや謳い文句で再発信されるかだけでなく、どんなビジュアルやニュアンスで表現してもらえるかを想像しながらつくり込んでいます。

多くの企業では、SNS運用は簡単な仕事だと思われているのか、「若い人のほうが得意だろう」と新入社員やアルバイトに運用させたりしているのをよく見かけるので、いつもびっくりしてしまいます。企業の公式Webサイトをつくる時にアルバイトにディレクションさせることなんてまずないと思うのですが、SNSだと不思議なことにそれがまかり通ってしまう。

SNSは公式HPよりも先に世間の目にふれる場所であり、自社の商品やサービスの良さをお客さんに伝え、ブランドとして何を大事にしているのかを示し、購買へといざなう大切な導線。SNSのフィードの第一印象で、お客さんは自身の価値観や美意識と照らし合わせて、ピンとくるサービスやプロダクトなのかを瞬時に判断しています。

ユーザーが自分の言葉で語るための補助線として不可欠な存在、それがSNSをはじめとする情報発信なのです。

「知られたくない人に知られない」ためのPR戦略

ここでひとつ、情報化社会のワナを踏まえておく必要があります。

昨今の世の中は、SNSを通じて、世の中に無数にあるプロトコル（共通言語）の異なるコミュニティが可視化されている状態です。多様性の時代において、コミュニティごとで是とするもの・非とするものが異なって当然ですが、オープンネットワークによって、一見それらが垣根なく混在しているように見えてしまうバグが生じています。

基本的に、ほとんどのサービスやプロダクトはお客さんを選ぶことができません。すると、本来、想定していないユーザーに理想としない形でブランドが消費され、意図しない形でブランドが劣化することがあります（伝統的な物づくりで知られるブランドが、ターゲット外の人々によってSNSで槍玉に挙げられていたり、老舗宿のハッシュタグ欄になぜか露天風呂に浸かる水着姿の女性の写真が並んでいたり……というとイメージしやすいでしょうか）。

そういった事態を未然に回避するため、情報発信を行うにあたっては**「知られたくない人に知られないようにする」配慮も大切**になってきます。世の中を広いマーケットと見立てて一律に情報をアピールするのではなく、「この界隈にはぜひ伝えたいけど、この界隈には知られる必要がない」と、コミュニティごとにじわじわと情報を広げていく戦略が重要になってくるのです。

訴求する層の見極めは、決してそのお客さんが好きか嫌いかといった理由ではなく、「その界隈の方々にご満足いただけない」、あるいは「ご満足いただけるようにすることで、本来自分たちが行いたいサービスの形が変わってしまう」「本来喜ばせたいお客さんにとって心地いい環境ではなくなってしまう」といった懸念によるものです。

例えば、いわゆるビジネスホテルを期待している方からすれば、HOTEL SHE, のレコードプレーヤーやアイスクリームは別に求めているものではないでしょうし、むしろ大浴場や朝食ビュッフェがないことに不満を抱いてしまうでしょう。そのようなミスマッチが起きてしまうのは、サービス側にとっても、お客さんにとっても不幸な出来事です。

私たちは、メディアへの露出を慎重にコントロールし、ターゲットでないお客さんがこのホテルを「私好みのものではない」とすぐに気づいていただけるよう、非言語情報でコミュニケーションをすることで防波堤をつくることを心がけています。雑駁《ざっぱく》に情報が広がりやすい時代だからこそ、**自分たちが自分たちらしくあるためのサンクチュアリ（聖域）を大事にしているのです。**

それゆえ、私たちは、サービスをバイラルさせるにあたって、**誰が最初に語り始めるのか**を重要視しています。繰り返し述べてきた通り、マーケットのサイズではなく、マーケットの質であり密度がポイントです。

特定のコミュニティの中で、局地的に濃度の濃い情報を発信することで、私たちの仲間、というか共犯者になっていただく。密度の高いコミュニティをつくることができれば、熱気が外に漏れ出していくように、近隣に伝播していきます。たとえ小さなコミュニティから始まったとしても、密度が高ければ自発的に外に向かって強く拡大していくのです。

今や消費者は、価値を受け取る存在ではなく、**価値判断の主体**です。自ら考え、その価値を見極め、お眼鏡に適った「思わず愛したくなってしまう」「思わず人に伝えたくなってしまう」ものだけが再発信されます。お客さんが自身の体験を自分で編集し、自分の言葉で、友人や周りの方に語れるようにしてあげる必要がある、ということなのです。

バイラルはマイクロインフルエンサー（という名のごく普通の人）から生まれます。広告PRなどでインフルエンサーに発信をしてもらう時、実はフォロワー数そのものよりもその人がどういうコミュニティに影響を及ぼすことができるか？　のほうがはるかに重要な因子なのです。

あるサービスの顧客が、新しい顧客を招き入れるまでの期間を1単位時間とした時、1期間に各ユーザーが平均何人を招き入れるかを数値化したものを「バイラル係数」といいます。バイラル係数が高ければ高いほど、そのお客さんが新しいお客さんを呼び込んでくれているというわけです。

フォロワーが数万人いるインフルエンサーの方の投稿は、もちろん数万人に情報はリーチしますが、その方々は果たして新しい顧客となるのか（＝エンゲージメント率が高いか）、そしてその方々は果たしてどれだけ次のお客さんを呼び込めるのか（＝バイラル係数が高いか）を含めて考えなければなりません。そのインフルエンサーがどんなコミュニティに対して影響力を持っているか、そのコミュニティの中でどのような存在か（観賞されているのか、模倣されているのか、批判的に観測されているのか）を理解したうえで依頼しなければなりません。

そう考えた時に、遠くのインフルエンサーより、近くのマイクロインフルエンサー（友達や同僚、相互フォローしている知人など）を、それもコミュニティの結節点となっている人物を起点に、実際の自分自身の周りにあるコミュニティの流れに乗りながら話題を広げていくほうが、遥かに意味があり、効果がある取り組みになりやすいことを私たちは身をもって実感してきました。

起点は半径3メートル圏内に

2017年のHOTEL SHE, OSAKAの開業時、私たちの知名度は全くと言っていいほどゼロの状態でした。メディアとのつながりはほとんどなく、プレスリリースを送りつけることくらいしかできませんでした。

でも、考えてみれば、自分の友達や、その友達といった、同世代的な感覚や美意識を持った方々に来てもらえるホテルにしたいと思った時、どういう人がフォローしているかよく分からないインフルエンサーを呼ぶよりも、日頃の感謝を込めて、等身大の友人を招いたほうが、私自身も楽しくてヘルシーですし、リアルに存在するコミュニティに広がりやすいのではないかと思ったのです。

ホテルを開業する際、トレーニングをしたりオペレーションチェックをしたりするためのトライアル期間が必要になるのですが、この期間中、無料で誰かを泊めて漫然と運営の練習だけをしても意味がないと思い、「レセプション」と銘打って、今までお世話になった方々をおもてなしする期間にしました。金融機関や取引先の方々はもちろん、中高時代の親友に、サークルの友人や先輩、インターン先の同期や上司、以前から相互フォローで会ってみたかった知人、そしてその方々の知人友人……と、マイクロインフルエンサー（という名の界隈の友達）の方々を招待しました。

結果的にこのレセプション期間にお招きした、同じコミュニティに属している等身大の方々の発信が起点となり、首都圏の20〜30代を中心にHOTEL SHE, OSAKAの存在が少しずつ伝播していったのです。

バイラルが生まれる時、その熱源は「どこかにいる誰か」ではなく、自分自身。そして、等身大の同じ価値観を共有する方々に応援してもらえるようなサービスやプロダクトを仕立て、誘い文句を再生産しながら、実際のコミュニティの中で広がっていくのです。

「どう発信するのか」ではなく、「お客さんにどう発信されるのか」をイメージし、逆算しながらサービスを生み出す。そして、身近なコミュニティからバイラルが生まれて、いつの間にか世間の話題となっていく。これが事業の難局を打破するクリエイティブジャンプの秘訣なのです。

COLUMN

Web発信・簡単チェックマニュアル

せっかく「誘い文句のデザイン」をしても、お客さんがいざ興味を持ってくれた際に、求めている情報にたどり着けないと、離脱を招いてしまい非常にもったいない機会損失となります。

お客さんがストレスフリーに、そして購買意欲を高められるようにWeb上の情報を整理することは、今やインターネット時代の大切なおもてなしです。当たり前に思えるものも多いですが、意外とできていないこともありますので、改めて以下のチェック項目を踏まえて情報の整理をしておきましょう。

〈公式HP〉

□検索した時に公式HPが上位表示されるか?

□検索エンジンを意識した「キーワード」をちりばめたライティングができているか?

□ローディングに3秒以上かかっていないか？
□レスポンシブ対応（端末に応じたＵＩデザインの最適化）をしているか？
□デザインルールは統一されているか？
□エフェクトは鬱陶《うっとう》しくないか？
□文字化けやレイアウトズレはないか？
□写真や文字、ボタンのサイズは適切か？
□写真の解像度は十分か？
□リンクが貼られていないボタンはないか？
□バナーが無数に貼られていないか？
□ファビコン（ＨＰのシンボルマーク）やTwitterカード（ＵＲＬをツイートした際に表示される画像）、画像の代替テキストは設定されているか？
□フッターの「©20XX」の西暦は最新になっているか？

〈ＳＮＳ〉
□直感的に検索できるアカウント名やＩＤになっているか？
□媒体ごとに異なるアカウント名やＩＤを使っていないか？

□bio（プロフィール欄）に記載されている情報は適切か？
□必要に応じてbioに関連ブランド・店舗をメンションできているか？
□最初に目に入る数投稿で施設の概要を伝えられているか？
□写真やテキストは統一感があるか？
□ハッシュタグ検索や場所検索をした際に表示されるUGC投稿は魅力的か？
□タグ付け欄にブランドイメージにそぐわない投稿はないか？

〈Google Map〉
□［地域名］［業種］で検索した時に検索表示されるか？
□地図上のピンが立っている位置は正しいか？
□トップに表示されている写真から施設の魅力や特徴が伝わるか？
□ビジネスプロフィールは最新情報が反映されているか？
□公式WebやSNSへのリンクは貼られているか？
□予約導線や問い合わせ導線は明確か？
□十分なレビュー数があり、レビュースコアは4・0以上になっているか？
□レビューへの返信を適切に行っているか？

第7章

感覚的なものをどう宿らせるか

――五感・時間・世界観の仕立て方

クリエイティブジャンプの道筋

私たちが今まで生み出してきたホテルは、「世界観がゆっくり身体に染み込んでくるような感覚だった」「その場にいないはずなのに龍崎さんの気配が感じられた」といった好評価をよくいただきます。

これらはいずれも、クリエイティブジャンプの5つの要素を相互に紐付け、織り上げていくことで、「目に見えない」繊細な感覚をもプロダクトに落とし込むことができるようになるのです。

クリエイティブジャンプの思考プロセスは、この5つの要素を順を追ってステップアップしていくというよりは、相互に行き来しながら、らせん運動的に上昇していくようなイメージです。

例えば、層雲峡で行った「東洋医学の療養リトリート」の時は、次のような構造でクリエイティブジャンプがもたらされています。

①本質のディグ：ホテルとは人が人をケアする場所である

②空気感の言語化：〈時代〉ご自愛カルチャー〈土地〉煙に巻かれたユートピア
③インサイトの深掘り：人は診断など自分自身について知るのが好き
④異質なものとのマッシュアップ：ホテル×漢方
⑤誘い文句のデザイン：「漢方薬がオーダーメイドで処方される、北海道の山奥にある東洋医学の療養リトリート」

また、HOTEL SHE, OSAKAで行われた「平成ラストサマー」はこういう構造です。

①本質のディグ：ホテルとはオールナイトで過ごせる箱である
②空気感の言語化：〈時代〉平成という青春の終わり
③インサイトの深掘り：平成の終わりを、ちゃんと見届けたい
④異質なものとのマッシュアップ：ホテル×音楽×平成
⑤誘い文句のデザイン：「平成最後の夏にホテルでオールナイトフェスを」

そしてここにあるそれぞれの要素は、都度ゼロから考えて発見するというよりは、常日頃から思考をめぐらせ、脳内にアイディアの原石をアーカイブしておくことで、必要なタイミングで取り出して掘り下げたり、組み合わせて化学反応を起こしたりします。頭の中

それぞれの要素にまつわるネタのストックの中から、
歯車が噛み合う組み合わせを探す。
誘い文句をどうデザインするか? という
視点を持ちながらアイディアのディテールを詰める

図19　5つの要素の思考プロセス

にあるストックリストの中から、歯車がカチッと噛み合う組み合わせを探すのです。

思考を「発酵」させる

クリエイティブジャンプに至る非連続な思考の道筋の中で、全てのポイントにおいて新鮮な気づきやアイディアが有機的に積み重なっていくとは限りません。現実には、脳内あるいはメモ帳の中で一定期間熟成され、発酵された思考が、何らかのタイミングでひょっこり顔を出してきたのを掬い上げてみたり、やっぱり違うなと意識の奥底に押し戻したり、といった営みを繰り返しながら、アイディアを形づくっていくことも多いように思います。

一般に「閃き」と思われているものの正体は、この無意識下にストックされていた思考が十分に発酵して、ふと顕在意識で捉えられるレイヤーまで蘇ってきた瞬間なのかもしれません。つまり、**閃きとは、時間差で訪れたかつての自分自身の思考の進化形**であるとも言えます。

一足飛びに鮮やかに課題を解決するようなクリエイティブジャンプも、実は十分な思考の発酵を経て生まれていることがままあります。

よく「アウトプットの質を高めるにはインプットをこなさなければならない」と言われ

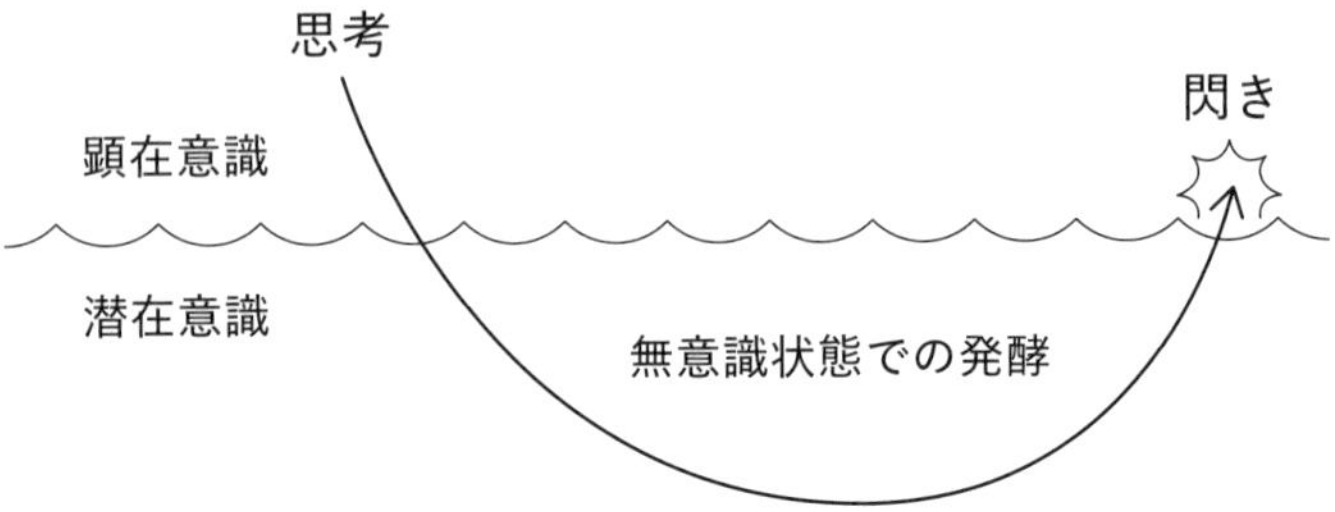

図20　閃きの正体

ますが、やみくもにインプットの量を増やすだけでは、ただ情報が右から左へと流れてしまうだけです。重要なのは、インプットに伴う思考の量。いかに思考し、いかに思考を発酵させるかが、アウトプットの質に影響を及ぼすファクターとなってくるのです。

そのためには、①思考する機会を増やすこと、②思考を言語化すること、③適切に忘れ適切に思い出せるようにすること、の3つが重要になってきます。

①思考する機会を増やす

まず第一に、新しい思考が生まれるトリガーとなる機会を多く取り入れることが大切です。

私は意思決定のためのルールとして、**「迷った時は自分の世界を広げる選択肢を選ぶ」**ことを自分に課しています。いつもの帰り道であっても、普段と違うルートを選ぶだけで、見える景色が違って感じられることはないでしょうか。いつもの食事、いつもの服、いつもの髪色、いつもの旅先。自分の中の定番があることは安心で楽ですが、それに慣れきってしまうと感覚器官が閉じてしまい、新しい発見や世の中のちょっとした違和感を感じとるセンサーが鈍ってしまいます。

例えば、自宅に新しい家具を買うかＤＩＹして家具をつくるかで悩んだとしたら、コストや手間が多くなったとしても後者を選びます。それは、ＤＩＹをするためにネットで事例をディグったり、ホームセンターに行って素材を選んだり、試行錯誤しながら加工したりする過程で、これまでの自分が出会えなかった知識や経験を得られるからです。

新築で機能性の高いマンションに住むか、古民家に住むかで悩んだら、後者を契約しています。結果、冬の寒さに凍えたり、お風呂場になめくじが出てきたりして散々な思いをしても、古民家での暮らしのメリットとデメリットを身体で知ることができることに大きな価値がありますから。

正直、私自身は出不精な人間で、世の中をナナメから見てしまう癖もありますが、だからこそあえてミーハーになって、感覚器官を広げる「いつもの自分らしからぬ」意思決定をするようにしています。

②思考を言語化する

自分の世界を広げる体験をしたら、その経験をどれだけ思考に落とし込むことができるかが重要です。私はその第一歩として、自分の微細な感情を言語化するよう心がけています。人は多くの場合、自分の無意識的な感情や気分についてあまり自覚的ではありません。そこに**言葉を与えて輪郭を規定することで、漠然とした「感覚」を「思考」で取り扱える**ようになります。

例えば、小笠原諸島で泊まったオーベルジュの入り口にかかっていた白いリネンののれんが、風が吹くたびに揺れていた光景。そよ風に吹かれてわずかにゆらめく日もあれば、深呼吸するように大きく膨らむ日もあり、旗印のように慌ただしくはためく日もある。目に見えない風を可視化する存在としてののれんがあり、風のゆらめきを見ることでその向こう側にある土地の風土を感じることができるのだ、とふと気づく体験——。

あるいは、友達に誘われ半笑いでついていった先の占い小屋で、自分の気質を言い当てられた時。日頃は他者との関わりの中で互いを慮《おもんぱか》りながらコミュニケーションをしているのに、「占い師」というある意味無責任な第三者の前では、心置きなく自分自身にベクトルを向けて話せるという、ある種の街場のセラピー性に気づく瞬間——。

こうした気づきの言語化は、その場ですぐに何かの役に立つことはないでしょう。しかし、その時の細やかな感覚を言葉にし、抽象化しておくことで、時を経て、必要となった時にふと無意識下から蘇ってくるのです。

言語化は、負荷のかかる行為なので、一時的な思考のアウトプットの機会を強制的につくることで、習慣化する助けになります。私の場合、定期的にＳＮＳに投稿したり、エッセイを書いたりすることで、思考や感覚を言語化する機会にしています。

③適切に忘れ適切に思い出す

最後に最も大事なのは、ある課題に頭を悩ませている状態で**いったん「思考から離れること**です。

思考の発酵は、無意識の中で行われます。情報のインプット、アウトプット、そして思考そのものからも距離を置き、無意識の時間を意識的に設けることが必要です。睡眠時に見る夢は、日中に現実の世界で取り込んだ情報を整理するための時間といわれていますが、同じように、考え抜いてとっ散らかった脳内を、自分の無意識が整理整頓してくれることを信じて、脳を休めるのです。

睡眠をとったり、散歩したり、湯船に浸かったりするのが王道の方法ですが、私は思考から離れるための手段として、作業瞑想としての〝魔女活〟をよくしています。

金木犀の花を摘んで桂花陳酒《けいかちんしゅ》にしたり、北海道の白樺の樹液を採取してシロップをつくったり、層雲峡の土を陶土に練り込んでホテルで使う食器を手ずからつくったり、富良野のペンションの庭に生えていたラベンダーをドライフラワーにしたり、小笠原のビーチで珊瑚や貝殻の破片を拾い集めたり、琵琶湖畔の松林の下に座り込んでスケッチブックに絵を描いたり……。

一介の経営者として、KPIだのROI（投資対効果）だのと、自身の単位時間あたりの価値を意識しながら、日々ギチギチのカレンダーと追いかけっこをしながら過ごしていますが、だからこそ思いっきり非効率な作業に没頭する時間は、最高に贅沢な非日常。**身体感覚と直感だけに委ねられる作業に集中することで、脳内からあらゆる思考を追い出し、意識的に無意識をつくり出す**ことができるのです。

魔女活から生まれた手づくりの品の一部は、土地の空気感をまるごと取り込んだおもてなしとしてホテルでお客さんに提供することもありますが、そんな非効率な時間の重なりが感じられるものが空間にあるのはとても贅沢なことだと思います。そんな手仕事を通じて、空間に愛が堆積し暖かな気配のあるホテルになっていくのだと思うのです。

丁寧な思考の履歴が根底にあれば、休む時間があればあるほど発酵は促進されるもの。

そのうえで、酵母となるような、世界を広げる非日常体験の刺激を通じて、思考に化学反応が生まれ、よりまろやかになっていきます。

私がホテルのコンセプトを開発する時には、構想からディテールを詰め切るまで1年以上もの時間がかかることもあります。精度の高いアウトプットを出すためには、腰を据え、時間をかけて思考を発酵させることを厭わなくてもいい。結論を出すことを焦らず、無意識という糠床《ぬかどこ》に思考を沈めていく思い切りもまた大切なのです。

スモールラグジュアリーホテル『香林居』

金沢・香林坊《こうりんぼう》に佇む蜃気楼のようなスモールラグジュアリーホテル『香林居』は、まさにそのような思考の発酵を通じて生まれた宿でした。

誰しもが心の奥底で夢想する桃源郷であり、俗世界から離れて心安らかに過ごす、蜃気楼のようなかりそめの地。そんな空気をまとう宿泊施設として、2021年10月、金沢21世紀美術館のある広坂《ひろさか》と繋華街・香林坊をつなぐ百万石通り沿いに開業しました。創業100年以上にもなる、九谷焼や世界の伝統工芸品を扱う老舗ギャラリーショップ「眞美堂」が店舗を構えていた9階建てのオフィスビルをリノベーションし、スモールラグジュアリーホテルとして生まれ変わらせたのです。

〝北陸の銀座一丁目〟と例えられることもあるこの香林坊の地で、築50年になるそのビルは、老朽化が進んでおり、耐震基準の変更やオーナーの高齢化の影響もあり、ひと思いに解体することも検討されていました。しかし、周りにビルが建ち並ぶにぎやかな街並みの中でも、そこだけが時間が滞留しているかのような印象を感じさせる異質な美意識が際立つ建築。その印象的なアーチ型のガラス窓が連なるファサード（建物を正面から見た時の外観）や、現代では再現することができない名もなき職人たちの手仕事……そのどこをとっても「後世に残す価値のある建築」だとして、50年前にビルの設計・施工を担当し、以来半世紀にわたって施設の修繕を担っていた西松建設や地元の建築事務所の提案と長年の説得により、ホテルへのコンバージョン（建築を用途変更し再利用すること）が決まったのです。

この開発プロジェクトはクリエイティブ・エージェンシーの「サン・アド」によって主導され、「金沢時間をリノベーションする」という大きな方針のもと、実際にホテル開発・運営を担うパートナー企業として、私たち水星に白羽の矢が立ったのでした。この地で半世紀も佇んだ建築を、次の半世紀先まで生かしたい――そんな未来を見据えた事業のパートナーに、２０１９年当時まだ社歴5年に過ぎなかった私たちの会社を選んでもらえたことに、有り難さと同時に大きな責任も感じました。

西松建設が物件オーナーである眞美堂からビルを借り上げ、プロジェクトオーナーとしてホテル投資を行い、サン・アドのプロデュース・ブランディングのもと、共同でクリエイティブディレクションを担ってホテルを開発し、開業後は西松建設と利益を分け合うかたちで私たち水星がホテルを運営するという事業スキームでプロジェクトが走り出しました。

当初、私は金沢でホテルを運営することに少し消極的で、慎重に考えていました。というのも、2015年の北陸新幹線の開業に伴って大規模な資本投入が行われ、雨後の筍のごとくホテルが乱立しているのを目の当たりにしていたからです。その多くが、女子旅需要やバックパッカー需要に応えるようなバジェットタイプ（低価格）のホテルで、本来混み合うはずの土曜日でも1泊6000円程度で泊まれる宿が多数あり、マーケットが飽和状態に陥り、値崩れが生じていることは明らかでした。

しかし、香林坊という土地を知れば知るほど、歴史的に見ても美意識が集積している立地に、優美なアーチ窓をまとい独自の佇まいを感じさせる建築——このポテンシャルがあれば既存のホテルとは異なる、**地域の空気感を情緒的に織り込んだブティックホテルのような形で勝負できるかもしれない**、という思いが芽生えてきました。

実際、金沢市内にはスイートルームのあるハイエンドホテルはほとんどありません。身近な会社経営者の方々に「金沢に旅行に行かれる時はどちらに泊まられますか」と尋ねてみると、「馴染みの寿司屋や割烹など、美味しいものを食べに金沢まで行くことはあっても、泊まりたいところはあまりないので、あえてビジネスホテルに泊まっている」と言うのです。金沢は食のレベルが高く、レストランの予約のために東京や他のエリアからわざわざ足を運ぶ方も多くいるにもかかわらず、そうした方々に満足してもらえるような上質なホテルはほとんどありません。そんなオーセンティックな旅の舞台としてのホテルであれば、金沢の宿泊市場の中でも十分に戦えるのではないか。むしろ、市場のトレンドに翻弄されない旅の目的地としてのホテルになるのではないか、と考えたのです。

そんな思いから、プロジェクト初期は、1700㎡の延床面積のうち、HOTEL SHE, と同じくらいの15〜20㎡程度の客室を40〜50室程度設けるようなルームミックス（客室構成やその比率）を検討していたところを、思い切って50〜60㎡程度の広い客室を中心に18室のみ設け、高単価・高付加価値型のスモールラグジュアリーに振り切ることにしたのです。

香林坊のテロワール「桃源郷」

私たちはホテルをプロデュースする時、必ずその土地の空気感をつかみ、解釈し、宿泊体験に落とし込むことを大切にしています。インスタントな宿泊体験ではなく、濃密な世界観と上質な滞在価値を通じて、デスティネーション〈目的地〉になるスモールラグジュアリーホテルをつくる――そんな決意と共にホテルの構想を練るにあたって、真っ先に取り組んだことは、金沢、そして香林坊の街がまとっている空気感を繊細に感じとることでした。

金沢というと、兼六園や鼓門《つづみもん》、ひがし茶屋街に代表される和の街並みや、金箔や加賀友禅、九谷焼など、華やかな彩色が施された豪華絢爛な伝統芸術、あるいは、かにやぶり、いかにのどぐろなど厳しい日本海の環境がもたらす豊かな海産物が思い浮かぶ方も多いように思いますが、果たしてその固定化された地域イメージに基づいてホテルを開発してしまっていいものか、どこか腑に落ちない思いもありました。

そこで考え方を変え、「金沢」というスコープではなく、眞美堂ビルの所在する「香林坊」というスコープで街を解釈してみることにしました。そもそも、**香林坊という名前自体が唯一無二で、叙情的で、想像力を掻き立てられるような美しさがある**ように感じたのです。

調べてみると、香林坊という地名は、かつてここに住んでいた、ある仏僧の名に由来していたといいます。

時は安土桃山時代、のちに「香林坊」となる男は、越前国・朝倉義景の家臣団として仕えていた武士でしたが、１５７３年の一乗谷城の戦いで主君が織田信長に敗れた後、他の家臣たちと共に諸国に落ち延び、比叡山・延暦寺の門をたたいて仏道に入り、そこで「香林坊」という名を授かりました。１６００年頃、延暦寺の回峰行者となって北陸路を往来していた香林坊は、金沢・片町《かたまち》に移り住み薬種商を営んでいたかつての朝倉家臣団・向田《むこうだ》兵衛《ひょうえ》と再会。高齢の兵衛には跡取り息子がおらず、一人娘と暮らしていましたが、香林坊は交流を重ねるうちに、入り婿して親子となり、還俗して薬種商を継ぐことになります。

ある晩、不思議なことに、兵衛の夢枕に地蔵尊が現れ、ある妙薬の製法を伝授しました。翌朝、香林坊はそのお告げに従って半信半疑で薬を調合し、時の加賀藩主・前田利家に献上したところ、その眼病が治癒し、「目薬の香林坊」と評判になりました。そこで、夢で見た地蔵をつくり祀ったところ商売が大いに繁盛し、やがてこの辺り一体が「香林坊」と呼ばれるようになったといいます。

では、その名に冠された香林とはいったいどういう意味なのか。「香林」とは、漢語で「花が咲き誇る林」のことですが、中国・紹興の柯岩風景区に実在する景勝地・香林花雨《シャンリンファユ》のことを指してもいます。緑豊かで風光明媚な景色で知られ、千年以上もの間、江南随一と讃えられる金木犀の森で名を知られていますす（余談ですが、金沢の市歌は「金木犀の匂う道」という曲で、不思議な縁を感じます。そこから、香林居ではチェックインの際、金木犀のお茶「桂花茶」をお出ししています）。香林という地名は、**古くから異宗教・異民族が融合して生活する理想郷的な意味**を帯び、さまざまな漢詩や文学にも詠まれてきました。香林は仏教とのつながりも深く、独自の仏教文化が築かれたこともあり、豊かな自然環境と奥行きのある文化資産の双方を併せ持った土地であるとされています。

かつて血なまぐさい戦乱の世に生きた武士が、仏門に入り「異民族と異教徒の融合する理想郷」を冠した名を与えられ、やがて人々を病から救い生き長らえさせることを生業《なりわい》とするようになる。そんな鮮烈なコントラストを感じさせるひとりの人生譚《たん》が、香林坊という地の奥底には流れているのです。薬種商に由来した地名とそこから広がる理想郷の情景。**人を癒し、ケアする場としてのホテルの本質的な価値を見つめ直した時、私の頭の中に浮かび上がったのが「処方」というキーワード**でした。

言葉はイマジネーションの起点です。

「処方」という二文字の漢字は、そこから広がるさまざまな情景へのインスピレーションを掻き立ててくれる語感でした。薄暗く古めかしい薬棚の前で、生薬をすりつぶし、調合する漢方薬局。色とりどりのドライハーブで溢れた、フランスの植物療法のサロン。香炉が香り立ち、無数の茶葉と茶器が並ぶ、中国茶のお稽古場。蛍光灯の光に照らされながら白衣姿の薬剤師が忙《せわ》しなく薬の計量をしている、昼下がりの調剤薬局。いつか映画の中で見た、大きな鉄鍋で薬草をぐつぐつと煮込む魔女……。

そんな情景を香林坊の地で、宿泊体験に落とし込みたいと考えるようになりました。

「蒸溜」と無色透明の宿泊体験

では、このホテルで一体、ゲストに何を「処方」したらよいのだろう。

漢方薬局のようにゲストに問診をして、葛根湯や当帰芍薬散を処方するのがいいのか。あるいは、フランスの植物療法の薬局のようにハーブティーやチンキ（ドライハーブをアルコールに漬け込んだ薬）を処方するのがいいのか。それとも、香りやお茶やお花を処方しようか……。

さまざまなアイディアが浮かびながらも、どれも決め手に欠けるような気がして悩んでいたある日のこと。

知人のオフィスを訪ねたら、「ノンアルコールのクラフトジン」と称して、瓶に詰められた芳香蒸溜水でもてなしてくれたのです。ひとくち飲むと花や果実、ハーブが香り立つ、なんとも芳醇で美味しい液体でした。驚いていると、知人は笑いながら「それは植物を蒸溜して香り付けした水でしかないんですよ」と教えてくれました。

蒸溜とは、高温の水蒸気で植物に含まれる成分を抽出する技術で、ごく微量の精油（いわゆるアロマオイル）とその副産物として植物の成分が溶け出した香りのある水溶液である芳香蒸溜水（いわゆるアロマウォーター）が精製されます。

オフィスの片隅に置かれていた理科の実験室にありそうな見慣れないガラス器具――のちに蒸溜器だと知ることになるのですが――を見た時、ふと脳内で何かがスパークするような閃きを感じました。

〝蒸溜〟を通じて、土地のまとう香りを処方することはできないか？　金沢が抱かれる白《はく》山麓《さんろく》の森林資源を蒸溜し、そこから採取した精油や芳香蒸溜水を処方することで、「香林坊」という名前の通り、**「森林」の「香り」で建築を染め上げて、文字通り本物の土地の空気感をお客さんに感じていただけるのではないか**、と。

蒸溜器の歴史を調べていくと、かつてギリシャ世界で生まれた蒸溜器の原型となる技術は、アラビア世界で実用化され、レコンキスタを通じて西欧世界に伝播し、蒸溜酒の製造や錬金術の発展にともなって改良されたのち、江戸時代中期、日蘭貿易を通じて日本にもたらされていました。陶製の三段重ねの蒸溜器（蘭引《ランビキ》）は、さまざまな薬草を蒸溜し薬油の精製などに活用され、目薬の製造なども行われていたといいます。かつて香林坊が名を挙げるきっかけが前田利家の眼病を治した目薬であることを思うと、香林坊と蒸溜器はまたとない縁で結ばれた組み合わせに感じられました。

そうして、土地の空気感を編集し、その匂いや気配がちりばめられた空間を楽しんでもらうために、ホテルのエントランスに蒸溜所をつくることにしたのです。クロモジ、タムシバ、アカマツ、スギ、ヒノキ、能登ヒバなど、名峰・白山に根付く季節の森林素材を地域の森林組合から仕入れ、毎日蒸溜を行い、抽出した精油はアロマオイルとして、また芳香蒸溜水はロウリュウォーターやバスウォーターとして空間の香りづけにしています。それは、この土地の土、水、そして草木をまとった大地そのものの香りなのです。

蒸溜によってつくり出される体験は、写真にも動画にも映らない、その場に実際に赴いた人にしか感じとることができない究極の身体性をともなったものです。日によって移ろい、二度と再現されることのない感覚的で情緒的な一期一会の宿泊体験として、私が「蒸溜」に大きな可能性と希望を見出したのも、ホテルをＳＮＳでインスタントに消費していく世の中の流れに疲れていたという背景があります。

もちろん、ゲストがご自身の体験を喜んでシェアしてくれるのはとても嬉しいことですが、泊まってすらいないのに、インプレッション稼ぎのためどこかで拾ってきたホテルの写真を組み合わせ、実態とは異なる紹介文や、消費を煽るような見出しを添えられた投稿が増えていることに気持ちが擦り減っていました。そこには、かつて私たちが世の中に提唱した「ホテルめぐりカルチャー」が大きく育ったことも遠因としてあり、自ら始めた物語でありながら、その行く末に疑問を感じてもいました。

そんな状況へのアンチテーゼもあり、**決して目に見えない、写真にも映らない無色透明の繊細な体験**——蒸溜を通じて抽出された、草花、果実、樹木の枝葉の香りを通して、土地のテロワールそのものを感じられる特別な時間をつくり出したかったのです。

ビジュアルでイメージを発酵させる

このように曖昧で捉えどころのない感覚をチームで共有し、クリエイションを誘発しプロジェクトを進めていくにあたっては、資料作成などの実務面においても独自の工夫を凝らしていました。

①世界観のビジュアル化

まず、プロジェクトの初期フェーズでは必ず、世界観の軸となる要素（香林居の場合は、

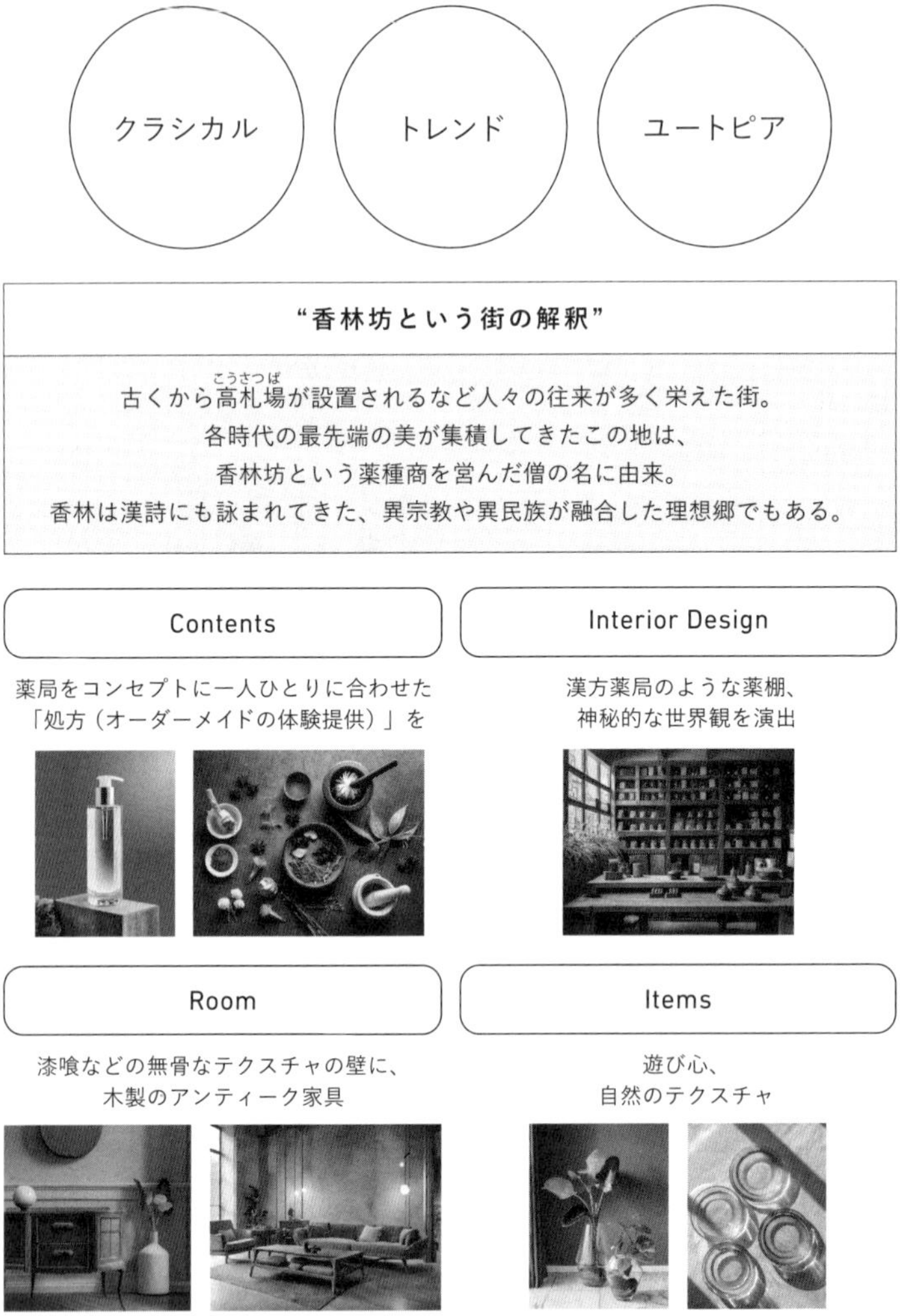
クラシカル
トレンド
ユートピア
“香林坊という街の解釈”
古くから高札場《こうさつば》が設置されるなど人々の往来が多く栄えた街。
各時代の最先端の美が集積してきたこの地は、
香林坊という薬種商を営んだ僧の名に由来。
香林は漢詩にも詠まれてきた、異宗教や異民族が融合した理想郷でもある。
Contents
薬局をコンセプトに一人ひとりに合わせた
「処方（オーダーメイドの体験提供）」を
Interior Design
漢方薬局のような薬棚、
神秘的な世界観を演出
Room
漆喰などの無骨なテクスチャの壁に、
木製のアンティーク家具
Items
遊び心、
自然のテクスチャ

図21　世界観をビジュアル化した企画書例

「クラシカル」「トレンド」「ユートピア」）を抽出し、そこから広がる建築・什器・体験などに紐づくビジュアルイメージをカテゴリごとにまとめた資料を作成しました。通常、ホテルを開発するときにはフロアプランやコンテンツなどから考え始めることが一般的なのですが、私たちはそれより遥かに前の段階で、感覚的でインスピレーションを広げる言葉やビジュアルを用いて世界観を削り出すところから仕事を始めるようにしているのです（図21参照）。

②曼荼羅《マンダラ》イメージマップ

また、企画アイディアを有機的に広げていく〈発散フェーズ〉において、脳内にあるアイディアを洗い出しながら、それぞれの要素の結びつきをビジュアルで表現する一枚絵「曼荼羅イメージマップ」を作成します（図22参照）。キーワードから広がったインスピレーションを元に、インターネット上で大量にイメージ画像を集め、それらの有機的な結びつきを踏まえ、キャンバス上に配置していきます。いくつかのキーワードの中で、思わぬ異質な結びつきが見つかるかもしれないし、そこから少し飛躍して見えるアイディアが実は深いところで結びついていることに気づかされることもあります。

未知の地に分けいってゆく旅では、地図がないと人は迷ってしまう。新しいクリエイシ

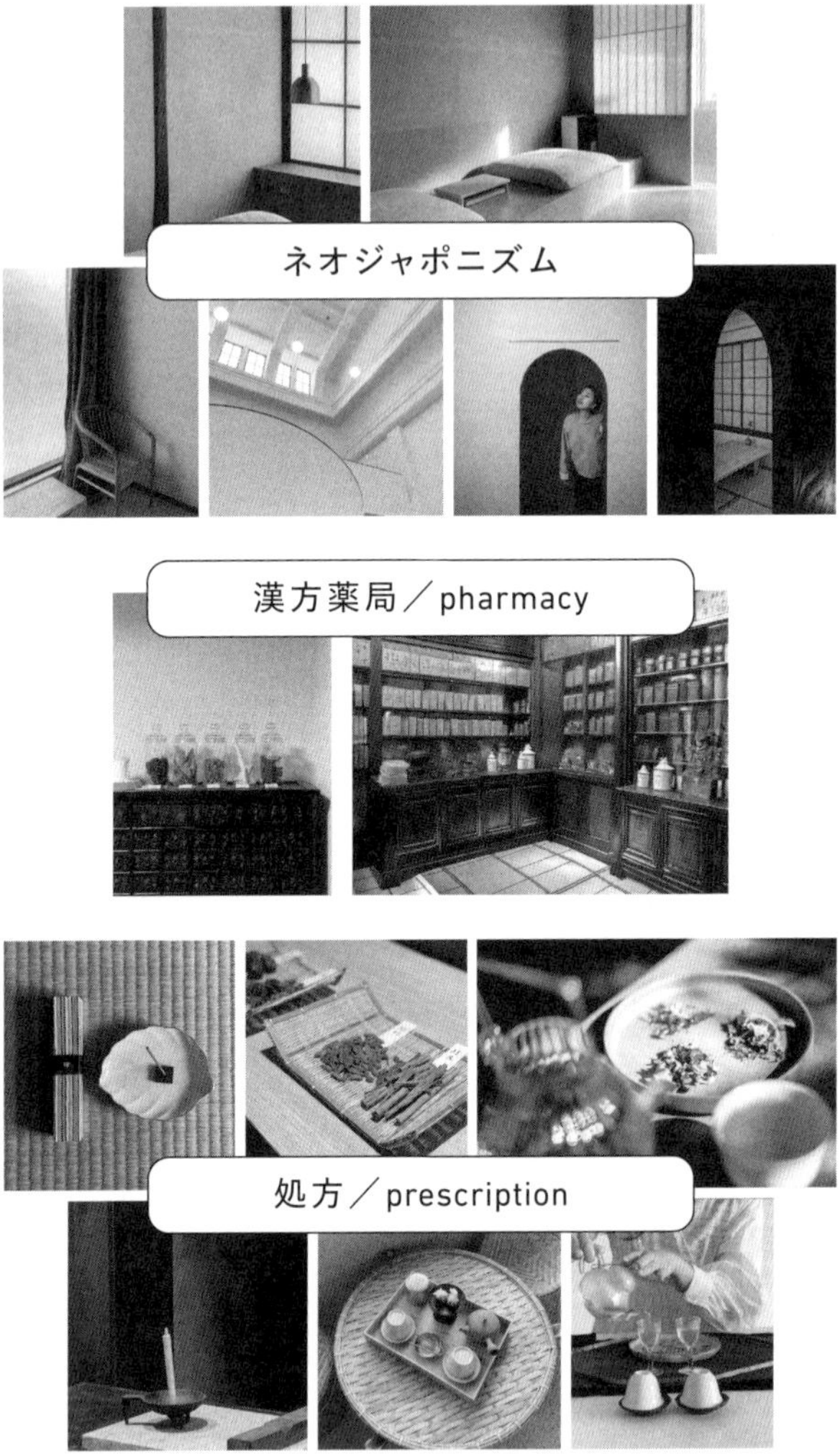

図22　曼荼羅イメージマップ例

ヨンを生み出そうとする際や、美的感覚という抽象的なものを扱う際には、イメージとイメージの関連性や補助線となる要素をビジュアルベースで整理し、これらをたたき台としてチームメンバーとディスカッションを重ねていくのです。

③妄想メディア記事

さらに、生まれてきたアイディアをまとめる際、企画書の代わりに、架空のメディア記事を作成することもあります。例えば、香林居がNumeroというファッション誌に取り上げていただけるとしたら、どんな見出しや切り口で取り上げていただけるだろう、その際にどんな要素があればメディアバリューがあると思ってもらえるだろう、などとシミュレーションし、実際にテキストをあてこんで記事をつくるのです。

「誘い文句をデザインする」、つまり、自分がどう語るかではなく、他者にどう語られることになるのかを意識しながら、メディア記事という体裁で企画書を作成することで、さまざまな情報やコンテンツをどう文脈の中に位置付けていくかを整理していくことができます。

このような工夫を凝らすことで、多くのメンバーが携わるチームプロジェクトにおいても、曖昧な情緒や美的感覚を漂わせながら、ブランドの背骨となる世界観を熟成させることができるようになるのです。

桃源郷と精神世界

さて、２０２０年、順調に進んでいた香林居のプロジェクトは、コロナショックの大きな余波を受け、突如計画がストップしてしまいます。パンデミックによる世界的な渡航制限や各都市にて発令された緊急事態宣言は、観光業界に大打撃を与え、水星も一時はプロジェクトからの撤退を考えざるを得ないほど追い込まれました。

匙《さじ》を投げ出したくなるような市場環境でしたが、西松建設やサン・アドの担当者をはじめ、プロジェクトチームの誰もが「どうすれば実現させられるか」という姿勢でこの難題に取り組み、息の長い交渉の末、数ヶ月のブランクを経て、再びプロジェクトは前進し始めたのです。

コロナショックは、香林居のクリエイションにも大きな影響を及ぼしました。それまでの、外の世界に向かおうとする消費者のベクトルは、突如跳ね返され、誰もが自宅の中で、内なる世界に向き合って過ごすようになりました。ネットから大量に流れてくる真贋《しんがん》定かでない情報は不穏な気配を漂わせ、人に外で会うことが後ろ指を指される社会。

外は危険で、中は安全——**自分が閉じこもれる世界、それも美しくて平和な誰も傷つかない、繭のような空間を誰もが求めている**気がしました。パーソナライズされた時間と空間を処方するような、そんな滞在体験を生み出せないかと探り始めました。

キーワードとなったのは、「香林」の由来でもある、理想郷の姿でした。東洋世界で有名なのは、陶淵明《とうえんめい》の『桃花源記《とうかげんき》』に登場する武陵桃源《ぶりょうとうげん》（桃源郷）ではないでしょうか。

とある漁師が川を遡っていると、桃の花が咲き乱れる林を見つけ、船を降りて洞窟を進んでいくと、俗世から隔絶し豊かな田園の広がる、美しく平和な村が現れます。そこで豪華で温かな歓待を受けたのち、元の世界に帰る折になって、村人からこの地で見聞きしたことを口止めされるも、漁師はついこのことを役人に報告してしまう。その後、この地の存在を知った人々が再び村を探そうとしたが、二度と見つけることは叶わなかった——。

そんな物語は、陶淵明が理想郷を追い求めていたわけではなく、むしろその存在を否定していたことを示していると言われています。当時は戦乱の世で、国が大いに乱れ、遊仙《ゆうせん》詩《し》といわれる理想郷を待望する趣旨の詩歌が盛んに詠まれ、実際に探し求める旅に出る人まで現れていた状態でした。陶淵明はそのような世情において、ありもしない理想郷を探し求める人々を批判しつつ、**田畑を耕し、読書をするという現実の日常生活を尊び、心象世界の中で神仙の境地へと自由に想いを馳せる**ことを大切にした。ありもしない理想郷を遠方に求めるのではなく、自らの魂の奥底にある桃源郷を慈しむこと。それこそが精神の大きな慰めになるという哲学なのです。

そう考えると、生活を慈しみながら、自らの精神世界に飛翔していくことは、不安の多い現代社会においても、安寧に過ごすための深い知恵なのかもしれません。どこか遠くに行くだけでなく、自身の内的世界を広げることもまた自由への旅ではないでしょうか。

そこで、香林居では「精神世界への旅」となるような時間の通奏低音《つうそうていおん》として、**「サウナ」と「瞑想」**という滞在体験を盛り込むことにしました。

ぽたぽたと汗を垂らし、猛烈な熱気の中でじりじりと肌を灼き、しんと冷えた水風呂に飛び込む。サウナ室で己の限界と対峙する時間も、水風呂の中でどくどくと脈打つ鼓動を感じる時間も、自分自身の内的感覚のみに全てを委ねる瞬間です。

また、旅の醍醐味のひとつは、その土地に流れる空気を、降り注ぐ日差しを、たゆたう湿度を肌で感じる瞬間にあるのではないかと思っています。サウナとは、肌を灼く熱気を身体中に受けて、突き刺すような水風呂に飛び込んだ後、研ぎ澄まされた皮膚感覚で土地に流れる空気を敏感に感じるための演出装置であると思うのです。

そんな思いから、香林居のビルの屋上にある小屋を、金沢の街を見下ろすことができるプライベートサウナにコンバージョンしました。香林坊大和《だいわ》（北陸地方を代表する百貨店）から金沢城跡まで、文化と資本、歴史と自然という、金沢の対照的調和が眼前に広がる唯一無二のロケーション。

また、ロウリュ（熱せられたサウナストーンに水を注ぐことで水蒸気を発生させ急速に体感温度を高めるサウナスタイル）の際に使用するアロマウォーターは、蒸溜所で抽出した芳香蒸溜水を用いることで、白山麓の自然に抱かれているかのような木々の香りを感じられる体験を「処方」しました。香林居のサウナはその土地の命の香り、風土を素肌に浴びるサウナといえます。

また、より直接的に、瞑想の時間を滞在の中に組み込みたいと考え、「アイソレーションタンク」という瞑想装置も設置しました。外界の光や音、皮膚感覚などさまざまな情報を遮断し、隔離されることで、深い瞑想状態に入ることができ、海水よりも比重が高い水溶液に浮かび、浮遊感に身体をゆだねることで、全身が重力の影響から解放されます。赤ちゃんが子宮で羊水に浮かんでいる感覚に近く、浮遊中の脳波は瞑想の熟練者の意識状態に近いといわれています。

この装置はかつて私がアメリカに視察旅行に訪れた際、偶然見知ったものですが、とろりとした水溶液と皮膚の境界は曖昧になり、まるで自我が溶けていくような、宇宙遊泳をしているような不思議な感覚が得られます。日常を離れた新天地としての旅先で、自分自身の内的感覚に深く身を任せる時間をつくる。そんな、かりそめの安寧の地としての滞在体験を設計したのです。

見えざる糸で空間と時間をつむぐ

香林居という唯一無二の宿泊体験をつむぎ出す時、そこにあったのは直感と、その直感をつなぎ止めるための糸のようなものでした。

演繹的に順を追って考えているわけではなく、金沢とはどういう場所か、香林坊とはどういう場所か、眞美堂とはどういう場所か、ホテルとは何か、人はなぜ旅をするのか、社会の流れはどこに向かっているのか……そうした一つひとつの問いが、**思考をする中で無意識下に沈殿し、発酵して、やがてふとした瞬間に過去の記憶を携えて顕在意識に浮上してくる**のです。

香林居は幸い多くの人に愛され、高い評価を受けてきましたが、ホテルは運営する中で土地のもつ文化の古層とも結びついて、ゆっくりと熟成していくものです。

金沢という街がまとっているイメージについて、以前は金箔に九谷焼や加賀友禅のような華やいだ伝統工芸品のイメージがありましたが、実際街を歩いたり、地元の方々のお話を多く聞いていているうちに、降雨日数が多く、薄靄《うすもや》がかったヴェールに包まれているかのような風合いのある街だと感じるようになりました。そしてある時ふと、金沢の伝統工芸品が鮮やかなのは、彩度が低い街並みに映えるからだと気がつきました。

文化と風土は表裏一体で、地産地消を掲げて**目につきやすい「文化」のみをコラージュすると、却って地域の「風土」がぼやけてしまう**もの。それゆえ、香林居では伝統工芸品を多用するのではなく、蒸溜やサウナ、瞑想など、ある意味異質なものとマッシュアップさせることで、風土をより際立たせることを大切にしてきました。

香林居には、ほとんど色がありません。眞美堂ビルの時代の、コンクリートの軀体《くたい》をそのまま剝き出しに、ファサードのアーチのモチーフを空間内にも取り入れて連続性を持たせた建築、淡い光を放つクラフトガラスの照明や、穏やかに揺れるファブリック、長い時を超えて海外から金沢にやってきたヴィンテージの家具などには、それぞれ時間によって醸し出された滋味があります。建築家の長坂純明《よしあき》さん、アートディレクターの藤田佳子さんが、光・音・匂い・風などを五感に問いかけるような、曖昧で捉えどころのない雰囲気を形にしてくれました。

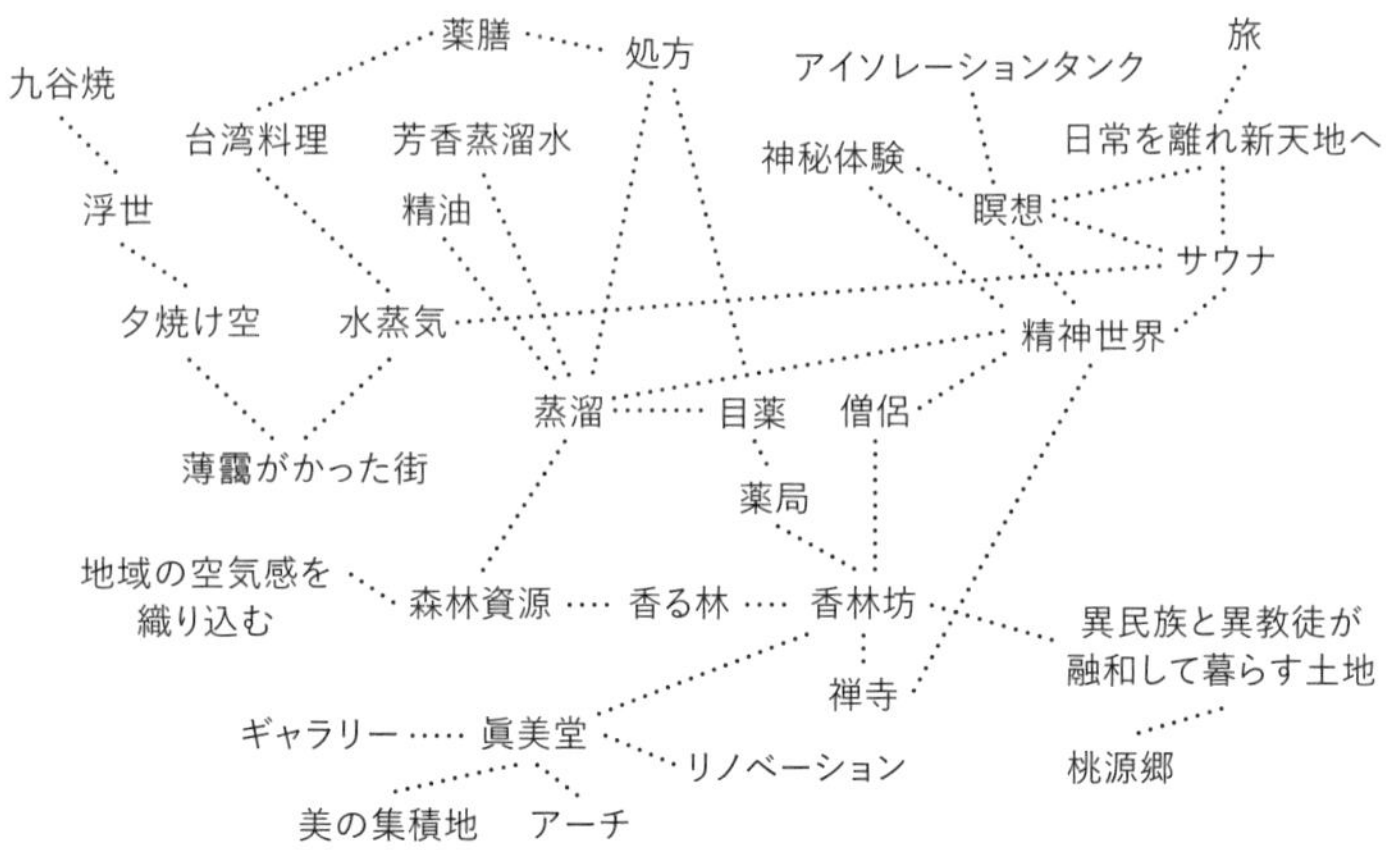

図23　無意識下で過去の記憶や思考が次第につながり、インスピレーションや直感を生む

香林居は、土地の空気感を空間に織り込んでいく中で、五感、時間、世界観が横断的に統合され、クリエイティブジャンプを起こした稀有な例とも言えます。

ここでは直面している問いに対して、無意識下で過去の記憶や思考が次第につながり、その答えに導かれるような感覚がありました。

アセットを再定義すること、世の中や土地の空気感を読むこと、インサイトを解読し、アイディアを組み合わせ、誘い文句を生み出すこと――これらは一つひとつが独立して主張をしている状態では意味を成しません。**互いに意味によって結ばれ、まろやかにつながり、やがて溶け合うまで、思考を発酵させる**ことが大切なのです。

クリエイティブに正解はないとよく言われますが、私は正解があるのではないかと思っています。それは、誰かに決められた正解ではなく、世間の評価やビジネス上の数字でもなく、問いから導かれた要素が全て意味を持って収まる瞬間があり、自分自身の中でそれが正解かどうかがくっきりと分かるのです。

時間をかけて問いと向き合う中で、まるで培養実験のように、菌糸が伸びてつながった小さな世界が誕生する——それがクリエイティブな仕事の醍醐味に他なりません。

第8章

ユートピアのつくり方

――クリエイティブジャンプのその先へ

選択がアイデンティティを削り出す

ここまで、クリエイティブジャンプとは何か、「本質のディグ」「空気の言語化」「インサイトの深掘り」「異質なものとのマッシュアップ」「誘い文句のデザイン」するという5つのスキル、並びにそれらを統合して五感、時間、世界観といった感覚的なものをどう取り扱うか、という全容についてお伝えしてきました。

非連続な飛躍をもたらすクリエイティブジャンプは課題解決の強力な技術であり、閉塞する状況に風穴を開ける突破口となります。そうして生み出された事業は、社会の中で、新しい選択肢を増やしてくれるものに他なりません。

私は、自分たちのことをホテルをつくるチームだと思っていません。どちらかというと、**ホテルというメディアを通じて、人生の選択肢を広げるチーム**だと思っています。

人生は、選択の積み重ねでできています。

例えば、自分が着ている服――それは、単に身体を隠すためとか、体温調節をするためといった機能だけで選ばれているのではなく、「服の雰囲気が今日の気分に合っているから」「ブランドの世界観が好きだから」、あるいは「シルエットが顔立ちや体形を引き立てるから」といった、さまざまな無意識下での自己表現の発露の場でもあります。

進学や就職、交際するパートナーなど、人生のターニングポイントとなる選択が人の一生に大きな影響を及ぼすことは自明ですが、実はそれと同じくらい、あるいはそれ以上に、「誰の音楽で一日を始めるのか」「ランチに何を食べるのか」「次のシーズンにどのブランドの服を買うのか」……そんな些細な選択の一つひとつが、潜在意識下での優先順位や嗜好性を可視化し、人の輪郭を少しずつ削り出していく営みだと思うのです。

つまり、選択肢が多様な社会とは、自分という人間のシルエットにフィットする生き方を実現しやすくできる社会なのです。

人は、選択を積み重ねることでアイデンティティを削り出すのだと思います。アイデンティティは生まれながらにして持っているものでも、自分だけで積み上げられるものでもなく、主体的な意思決定を通じて、他者や社会との境界を構築していく中で育まれていくのではないでしょうか。

しかし、これほどモノと情報が氾濫した現代社会においても、選択肢が極端に限られていたり、そもそも選択肢がなく、自分のライフスタイルや精神的あり方にフィットしない中で消極的に選ばざるを得ない、膠着したシーンが数多くあります。あるいは情報ばかりが溢れ過ぎていて選択できないという落とし穴もある。だからこそ、私は世の中で果たすべき役割をこう考えています。

・**選択肢のない膠着したシーンには、新しい選択肢が生まれるきっかけを。**
・**選択肢に溢れるシーンには、自分らしい選択をできるプラットフォームを。**

自分たちを取り巻く世界を3ミリ面白くする、私たちにとってのささやかなユートピアをつくり出す。

世界を面白くする事業をつくる、サービスをつくると言ったって、なにも身構える必要はありません。どんな仕事でもまだ見ぬ新しいなにかを創造しようと思ったら、手も足も出ないと感じられる場面がきっとあるでしょう。難題を抱えていたらなおのこと。

でも、夜、眠りに落ちる前に**明日を迎えることが少し楽しみになるような、世界を3ミリ面白くすることをしよう**——そう考えたらずいぶんと気が楽になりませんか?

世の中の先輩経営者の方々には遠く及びませんが、私はこれまで大小含めて10以上の事業を実際に生み出し、育ててきた経験から、こう思うのです。持たざる者でも、「私を起点」にした世の中をほんの少しだけ、でも確実に変えられるような小さな打ち手こそ最強なのだと。

「最もパーソナルなことが、最もクリエイティブである」

シンプルに突き詰めると、事業を生み出すとは、市場をつくり出すことであり、そして市場をつくり出すとは、人が何にお金を払いたいと思うのかを理解することに他なりません。つまり、人が「お金を払いたい」と思うシチュエーションを発見し、成立させることが、事業づくりの本質です。では、どうしたらその核心を正確に射抜くことができるのでしょうか？

その答えは、実は、他の誰かではなく、自分自身の心の中にあります。私はサービスを考える時に、架空のターゲットを想定して考えるのではなくて、自分が日常の中で感じたちょっとした〝渇き〟を手がかりに、自分自身が本当に求めているもの、感じていることを突き詰めてきました。

そうやってアンテナを張っていると、常に世の中に不満を感じて生きづらそう、と思われるかもしれませんが、そんなことはありません。なぜなら、〝渇き〟を感じるなら、能動的に水を探して、自分の力で喉を潤すことができる――**解像度の高い違和感の発見は、解決への兆しの発見と同義であり、自分で課題を解決できる絶好のチャンス**だからです。

経営学者の水越康介教授の提唱する、経営学と哲学を融合したような「本質直観」という、自分自身の中に生まれる確信や違和感に徹底的に向き合うことで初めて新しいものが生まれるという思考法がありますが、これを知った時に「ああ、これだ」と腑に落ちたことがあります。マーケット調査をして顧客と密に接することは大切ですが、「顧客の中に答えがある」というスタンスでいる限り、ほとんどの調査は無駄に終わる。そうではなく、なんらかの情報に接することで自らが驚き、それを契機にして問い直しを始めること、つまり自らの直観や主観と向き合っていくことが肝心だと気づかされたのです。

本書に即していうなら、顧客のインサイトを探るのは非常に大切ですが、それを踏まえて「私が心からわくわくする企画はなにか」「私がすぐにでもお金を出したくなるサービスはなんだろう」と自らのインサイトを掘り起こす必要があります。

私は、これまで一貫して、自分のためにホテルを生み出してきました。それは、ホテルプロデューサーとして自分が納得のいくホテルをつくった、という意味ではなく、**ひとりの旅人としての私が本当に必要とし、心から泊まりたいと思っているホテルを生み出してきた、**ということです。

「最もパーソナルなことが、最もクリエイティブである」というマーティン・スコセッシ監督の言葉にならい、「自分自身のために事業やサービスをつくる」という姿勢を大切にしてきました。これは、**ひとりの消費者として「お金を払いたい」と思えるものに徹する**という決意でもあります。

逆にそうでないものに手を出すと、「Z世代はこういうものが好きらしいから、こうすればウケるだろう」といった、架空のペルソナを思い描くことになってしまう。どこかのメディアの受け売りの、解像度の低い人物像から生じたネイティブ（当事者）ではない感覚は、どんなに周到に隠したつもりでも、必ず奥底に潜む傲慢さをお客さんに嗅ぎ取られてしまうように思うのです。

社会課題という課題はない

昨今、起業家のあいだではソーシャルビジネスへの関心が高く、社会起業家（ソーシャルアントレプレナー）が注目を集めています。高い志をもって、資本主義経済の歪みの中で、苦しんでいる誰かに手を差し伸べる事業を目指すのはとても尊いことですが、「社会課題を解決する、ソーシャルグッドなサービスをつくろう」という考え方にはちょっとした罠があると感じています。

しばしば、誰かの言葉を借りた「社会課題」というラベルはあまりに大きくて曖昧で、そのフィルターから向こう側を覗き見ると、解像度が下がってしまいかねません。

私は常々、「いわゆる社会課題という課題はない」と考えています。属性や年齢などで区切った〝平均的な誰か〟の課題なんてなく、真の社会課題は、全てパーソナルな課題の集合体に他なりません。たとえ社会的な構造に起因することでも、結局は個々人のパーソナルな問題に行き着きます。だからこそ、**徹底的に自分が欲しいものを利己的につくり出すことが、同じ課題を普遍的に抱える多くの方々に対しても良きソリューションたり得る**と信じているのです。

他者の生きづらさに思いを馳せる前に、まず自らの生きづらさを解像度高く把握し、自身にとってより良い選択肢を生み出すことが、結果的に同じ感覚を共有する他者にも新たな選択肢をもたらしていく。つまり徹底して利己的で、主観的で、自己救済的であることが、結果的に社会の幸福度に寄与する――**〝利己が利他に転じる〟クリエイティブジャンプ**が起きるのです。

というのも、目の前にいる誰かひとりを理解して、その人が求めるものを完璧な形で提供するのは、非常に難しいことです。人それぞれ異なる家庭環境で育ち、異なる経験をし、異なる人間関係の中で生活を営んでいるのですから。

しかし、その一方で、同時代に生きる人々の〝構成要素〟は似通ってもいます。例えば今この本を読んでいるあなたが私と同世代なら、成分は80％くらい同じかもしれません。同じような年代に生まれ、同じ国で育ち、同じ言葉を話し、似たようなコンテンツに触れて感性を育んできた者同士ですから、感覚や価値観が通底する部分もそれなりに大きいでしょう。

人の価値観や美意識の多くは、社会生活の中での経験によって後天的につくられるもの。自分にしか当てはまらない感覚や考えを持つことのほうがむしろ難しく、主観的な渇きを満たす課題解決への道筋は、広く他の誰かのことも癒したり、潤したりすることができるのではないでしょうか。

主観という心はとても曖昧で儚《はかな》いものだからこそ、そこに対して真摯であることがブレイクスルーにつながる――そんな「主観の時代」に差しかかっているとさえ思っています。

新しいホテルのプラットフォーム『CHILLNN』

私たちが運営している、宿泊施設のための自社予約サービス『CHILLNN（チルン）』も、積年のパーソナルな渇きから生まれた事業のひとつでした。

さかのぼること2017年の暮れ、HOTEL SHE, OSAKAを開業し、湯河原の温泉旅館を引き継いで原稿執筆パックをリリースしたばかりの頃のこと。先にもふれたように、指名買い顧客をターゲットにしたマーケティングスタイルに切り替えてから、期待値のズレなどミスマッチがなくなったことで客単価も上がり、顧客満足度も大きく高まりつつありました。一方、施策が成功した反面、宿泊施設の予約導線ばかりは自分たちの力だけでは如何ともしがたい、という状況に苦しんでいました。

当時日本にあった自社予約システムはとにかく前時代的なＵＩ（User Interface）、ＵＸ（User Experience）で非常に使いづらいものでした。直感的な操作ができないうえ、そこがどんな宿でどんな宿泊体験ができるのか伝わりづらいインターフェースになっていました。結局は定量的な情報の羅列で、ホテルという宿泊商品をいかに魅力的に見せて、ゲストの購買意欲を高め、ストレスなく予約してもらうかというマーケティング的な発想に乏しかったのです。

時代は、ホテルというものが、インフラ的な「機能の消費」から、エンターテイメント化した「嗜好品としての消費」にシフトしているさなかでした。

HOTEL SHE,のみならず、各地で独自の思想と世界観を持ったホテルが胎動し、ビジネスホテルとラグジュアリーホテルの二極しか存在しなかったような世界は終わりを告げ、多種多様なブティックホテル、ライフスタイルホテル、ホステルやゲストハウス、一棟貸しにオーベルジュが次々と生まれていました。

在庫を出していれば自然と予約が入ってくる、といった殿様商売的な予約システムはもはや時代遅れ。これからは、ホテルを宿泊商品として捉え、顧客の購買意欲を掻き立てるマーケティング的なアプローチで、予約獲得にコミットする「ホテルのD2Cプラットフォーム」が必要だと感じるようになりました。**ゲストは値段を見比べるのではなく、自分らしい選択かどうかを判断基準にしてホテルを予約する**――ヘルシーでサステナブルなホテルシーンを実現させていく新しいプラットフォームが。

そんな自分たちの渇きを癒すために開発したのが、ホテルの自社予約プラットフォーム『CHILLNN』でした。従来の、価格・立地・レビューなどで施設を定量評価し、比較購入を促進する予約サイトとは異なり、CHILLNNは宿泊施設そのものの発信力を高め、施設の思想や価値観、滞在体験を丁寧にお客さんに伝えていくことで施設とゲストのマッチングを行い、直接予約を促進するサービスです。

構想からローンチまで2年、リリース後はコロナ禍の影響もあり苦戦する時期もありましたが、2024年時点で1000近くもの独自の哲学を持つ価値ある宿泊施設が使うサービスへと成長しました。中には、CHILLNNの存在をきっかけに宿泊事業を始めることに背中を押されたと話してくれる施設もあります。

構想の当初は、私と同じような課題感を抱いていると語る人を見かけたことはほとんどありませんでした。でも不思議と、ひとりのホテル経営者として、業界に対して感じる違和感、事業を続けていくうえでまとわりつく課題感は、決して私だけのものではないという確信めいたものがありました。内なる切実な渇きに気づき、そこを丁寧に潤していくことは、いつか同じような渇きを感じる他の人々を癒し、やがてそこに新たな生態系が生まれていくことを実感したプロジェクトでした。

未来の自分を救えるのは、今の自分しかいない

自らのインサイトの掘り下げにおいては、現在進行形の課題だけでなく、未来の自分が直面するであろう課題を先回りして解決することもしばしばあります。

そうして生まれたプロジェクトのひとつが、「産後ケア」に特化した産後ケアリゾート『HOTEL CAFUNE』です。

産後ケアとは、子供を出産した後の女性やそのご家族を、身体的・精神的にサポートすること。子供を産んだ後の女性は、10ヶ月という妊娠期間での体の変化による身体的負担や、ホルモンバランスの変化、そして出産時のダメージを大きく受けています。そんな中、

息をつぐ間もなく、2時間おきのおむつ交換に3時間おきの授乳と、24時間態勢での育児が始まり、まとまった睡眠を取ることもできないような生活が始まってしまいます。パートナーの方がいても、初の出産では、お互い知識も経験もない中で手探りで子育てを始めなければならないために、精神的な負担が大きいうえ、家事・育事の分業や実家・義実家関係など、これまでの夫婦2人の生活と比べて、格段にパートナーシップの難易度も上がり、社会生活に大きな質的変化が訪れます。

そんな重要な時期を、専門的なケアや託児・家事のサポートを通じて身体的・精神的に支援するのが「産後ケアサービス」ですが、お隣の韓国では世界に先駆けて高い普及率を誇り、現在韓国の経産婦のなんと75%が産後ケア施設の利用経験があります。現地の収入と比較して、決して価格が安いわけではありませんが、一度の滞在で3〜4週間にわたって宿泊するのが一般的で、その施設数は韓国全土で700施設、市場規模としては2000億円もあるといいます。台湾や中国でも都心部での普及率は非常に高く、現地の方によると、産後ケア施設に宿泊しないと知られると「一体どんな家に嫁いだの?」と周囲で噂が立つほど一般的なのだそうです。

しかし、日本では、普及率どころか知名度すら非常に低く、事業構想を始めた2019年当時、国内で民間の産後ケアはほとんどありませんでした。多くの方々は、産後の期間を「親に頼る」か「自力でどうにかする」の二択の中でどうにかしなくてはならない状況だったのです。「親に頼る」という選択肢は、親子関係の問題や、親が働いていたり、あるいは高齢で要介護だったりといった事情で選びづらい方も多くいます。

一方、「自力でどうにかする」という選択肢は、夫婦2人きり（少なからぬケースにおいて母親ひとり）で、不眠不休で経験もない育児に向き合うことになるため、産後うつや夫婦間の不和など深刻な問題につながるケースが多く見られます。「産後の恨みは一生」とよく言われますが、統計によると、シングルマザーになる方の30％が、子供が2歳以下の時に離婚しており、産後の夫婦関係の軋轢《あつれき》が人生の分岐点になってしまう現実があります。

私は今のところ、結婚もしていませんし子供もいませんが、近い将来に子供を産む可能性もゼロではありません。そんな状況をリアルに想像した時、会社の経営と育児を両立させられるイメージは全く湧いてきませんし、一方、両親に頼り切るのも難しい。

そんな既存の選択肢がどれもいまいちピンと来ない膠着したシーンにおいて、私自身が積極的に選びたいと思える第三の選択肢を、子供がいない身軽な時期から準備しておきたいと思うようになりました。

日本国内でも当たり前に選ぶことができる選択肢として、産後ケアを普及させる必要がある。そして、ホテルというアセットはそれを実現させることができる——そんな起点か

らホテル空間を活用した産後ケア施設の構想が生まれたのです。

事業開発を始めた2021年はコロナショックの影響で都内のホテルは軒並み稼働率が下がっていたこともあり、都心からのアクセスが良く、眺望もいい、多摩川沿いのシティホテルと交渉し、そのフロアの一部で賃貸借契約を締結。助産師や保育士、ベビーシッターを多数雇用して、プロフェッショナルが24時間態勢で託児やケアを行い、家族の新たなキックオフ「ファミリーハネムーン」を提供する産後ケアリゾート『HOTEL CAFUNE』を翌年に開業しました。

当時は国内に競合施設がほとんどなかったこともあり、果たしてマーケットがあるのか不安でしたが、日本に「産後ケアリゾート」が開業したという知らせが広まると、瞬く間に予約が入り、満室続きの日々が始まりました。日に5回の食事や、24時間の託児、エステなどの美容ケアやワークショップなどが体験に含まれているため、1泊5万円程度と決して安くはありませんが（とはいえ、24時間ベビーシッターをお願いすることと比べたら遥かにリーズナブル！）、多くの方が2週間近く滞在し、産後の家族の時間をゆったりと過ごしてくれました。

チェックイン時には、出産とその後の育児の疲労で顔色の優れなかったお母さんやご家族が、数週間にわたる滞在を経て、みるみる顔色も良くなり、「子供を可愛いと思えるようになった」「HOTEL CAFUNEに来たことで本当に救われた」という言葉を残してチェックアウトする姿を見るにつけ、産後ケアリゾートを営むことの意義と責任を強く感じました。

他の誰でもなく、自分が切実に必要としている選択肢を、ひとりの消費者としての自分が求める高い期待水準に応えられるように生み出していくことが、最も誠実な事業のあり方だと改めて感じるようになりました。

パラレルワールドの自分を救う事業開発

産後ケアリゾートを運営している中で、ひとつ心苦しいことがありました。産後のお母さんや新生児の安全と健康をお預かりしている以上、安全性の観点から、どうしても医療的ケアを必要とする方の受け入れが難しかったのです。お客さん全てに、安定した品質のサービスを提供する責務がある以上、仕方ないことではありましたが、**医療的ケアを必要としている方やそのご家族こそが、旅やホテルでの滞在を通じて日常生活から離れる時間を必要としている**と痛感する瞬間でもありました。

世の中のホテルは、老若男女を問わずお楽しみいただけるようにという建前で、飽きのこない内装に癖のないサービスなど、標準的な価値を提供しているもの、そもそもホテルという空間は、本質的にはごく限られた人たち——健康で、時間的・経済的にゆとりのある人たちにしか開かれていないのではないか？　と思うようになりました。医療的なケアを必要とする人、何らかの障害を抱えている人、そしてそのご家族の方々が、安心して旅をし、ホテルに泊まるには、現状ではまだ高いハードルがあると気がついたのです。

もちろん、今の自分は、体力もあれば、五体満足で、どこへでも行けるような気がしています。でも、そう遠くない将来に両親が年老いて、思い切った遠出ができなくなるかもしれないですし、自分やパートナーが、事故や病気で身体の自由がきかなくなるかもしれません。新しく迎えた家族が、医療的なケアを必要とする疾患を抱えているかもしれません。そうなった時、仕事に、家事に、育児に、介護に、看護に、治療に、自分自身にまとわりついた日常を引き剝がそうとする時、自分が行くことのできる旅先も、宿も、レストランもどこにもなく、凡庸な日常に閉じ込められていることに気づかされ絶望する瞬間が来てしまうかもしれない……。

そんな、**あり得なくもないパラレルワールドで途方に暮れている私を、こちらの世界線でまだ呑気に日々を過ごしている私が救いたい。**そんな思いから、健康な旅人だけではなく、さまざまな障害や疾患を抱える方々でも泊まることができる宿泊施設――「インクルーシブリゾート」を構想し始めたのです。

折しも、知人の歯科医師から、摂食嚥下《えんげ》障害について教えられました。食事を嚙んだり、飲み込んだりすることが難しいこの症状を、日本全国で100万人以上の方が抱えています。個人差があるものの、基本的にペースト状になったものやとろみをつけたものでないと食べることができず、通常の食事ができなくなってしまう。それゆえ、なかなか外食をすることが叶わず、知人友人との会食やお茶、飲み会をすることも難しくなるため、社会生活から隔絶してしまいやすいといいます。

そんな「食」の障壁を取り除くことで、より多くの方にとって開けた宿泊空間になるのではないか――。

そう思って立ち上げたのが『やわらかい旅行社』というプロジェクトでした。摂食嚥下障害リハビリテーションを専門にしている歯科医師や嚥下食の専門家と連携し、ホテルのディナーや朝食を個々人の症状に合わせてパーソナライズした嚥下食対応の食事にすることで、摂食嚥下障害を抱える患者さんやそのご家族がかつてのようにともに旅に出ることができるように設計したのです。

この取り組みは、水星の掲げる「インクルーシブリゾート」構想の足がかりとして、金沢の『香林居』で第一弾が行われ、摂食嚥下障害を抱える方々からの好評を博し、メディアや医療機関からも大きな注目を集めています。

このプロジェクトは、ソーシャルグッドな取り組みではありますが、単なる慈善事業でもありません。今まで社会や業界が目を背けてきたシーンに光を当てることで、飽和状態の業界の中で、誰からも見落とされていたブルーオーシャンを発見し、育て、取り込んでいく取組みと捉えることもできます。

現在の当事者の方々にはもちろん、未来の自分たち自身に新しい選択肢を提供しながら、新たな市場開拓の機会としているのです。

「問い」を検証する4つの視点

年老いたり、障害があっても旅を続けるにはどうしたらいいか。
子供を産んだ後、途方に暮れないようにするにはどうしたらいいか。
心を込めて営んでいるホテルをお客さんに届けるにはどうしたらいいか。
閑散期にもホテルに人を集めるにはどうしたらいいか。
客室のドアを開けた時に幻滅しないホテルをつくるにはどうしたらいいか。

こうした「問い」は一見、とてもパーソナルなものに思えるかも知れませんが、この「問い」つまり「課題」を解くことで、自分だけでなく、自分自身と共通の感覚を持つ人々にとっても必要とされる課題解決を一足飛びに成し遂げることができる可能性があります。

「自分自身にとって課題である」ことは事業や企画のすぐれた駆動力になりますが、曖昧なひとりよがりな感覚に閉じてしまわないよう、クリエイティブジャンプの精度を高めるにはどうしたらよいのでしょうか。その答えは、次の４つの複眼的な視点で検証することにあります。

①**消費者の目：**消費者の視点で世の中を見渡した時に感じる「問い」の解決になっているか。生活の中でのちょっとした違和感や、こうだったらいいのに、という願望など。

②**経営者の目：**事業を運営する立場から見て現実的な課題解決になっているか。ホテル事業者の例でいえば、客単価を上げる、稼働率を上げる、固定費を減らす、従業員の満足度を上げる……など。

③**メディアの目：**メディア（マスメディアだけでなく、ＵＧＣの担い手になるユーザ一人ひとり）から見て、話題にしたくなる、コミュニケーションの起点になるものか。

④**神の目：**マーケット全体、業界全体、あるいは社会全体にとって有益な課題解決にな

図24　思考の補助線となる4つの視点

っているか。

消費者の目から見えた課題を解決するアイディアでも、経営者の課題を解決できていなければ（経営者の負担が増すものであれば）、事業をサステナブルに続けることはできません。両者の課題を満たしつつ、人が話題にしたいと思えるものでなければ、社会の中で広がっていきませんし、もしもそれが「儲かりはする」ものの別の有害な問題を生み出してしまうようなものなら、社会全体の利益になりません。

消費者、経営者、メディア、神。

この**4つの全く異なる視点からまなざした時、それぞれの抱える課題を一刀両断するアイディアこそが優れたクリエイティブジャンプ**です。

ユートピアは人の手でつくる

このように、私たちが生み出してきた事業は、顔の見えない誰かのためのものではありません。自分たち自身の胸がときめき、夜寝る前の布団の中で、明日を迎えることが少し楽しみになるような、退屈でありふれた世界が少し輝いて見えるような、そんなプロダクトやサービスを生み出したいと思っています。そして、もし世の中に私たちと同じ感覚を抱いてくれる人がいるのだとしたら、ともに分かち合いたいと願ってきました。

先にもふれたように、『桃花源記』を著した陶淵明は、桃源郷というものを「この世には存在せず、世界中を尋ねて回っても見つけることはできないもの」と捉えていました。己の心象風景にある理想郷の姿を慈しみながら、想像世界を自由に飛翔することこそが、精神の大きな慰めになる、と。

理想郷という言葉のニュアンスがどこか自然発生的なものだとすると、「ユートピア」のそれは人の手でつくり出すもののように感じられます。自然にどこかにあるものではなくて、人の意思で社会の中にクリエイトするもの、といったニュアンスを帯びていると思うのです。

私たちが取り組んできた、自宅でもHOTEL SHE,のチルでレイジーな世界観に浸るためのアパレルブランド『BOY MEETS SHE,』も、金沢・白山麓の水をつかい金沢の工場でつくられ金沢で消費される、地産地消の量り売りアメニティ『Petrichor（ペトリコール）』も、世界中の価値あるスモールブランドが百貨店に商品を取り扱ってもらうための次世代型セレクトギフトショップ『CHOOSEBASE SHIBUYA』も、ひとり暮らしの女性が都心で豊かに、そしてミニマムに暮らすためのマンションブランド『SOCO HAUS』も、大小さまざまですが、どれも自分にとって「こんなものがあればいいのに！」を具現化したものに他なりません。

私たち水星は〈ホテル×クリエイティブ×テック〉の力で社会に新しい選択肢を生み出し、世界をほんのちょっときらめかせることを大切にしてきました。

インターネットによって、小さなマーケットに直接価値を届けることができるようになった今、最も身近な消費者である自分自身が誰よりも満足できるようにしていくこと。やがてそれが、巡り巡って、似た渇きを抱いた人々をも満たしていく。それこそが、ヘルシーで、幸せな仕事のあり方ではないかと思うのです。

まるでインターネット砂漠に浮かぶ蜃気楼のような、心の中のユートピア――まだ見ぬ空想世界への飛翔が、高度に複雑化した現実社会をドライブする原動力になるのです。

本書でお伝えしてきたように、私は、東京の片隅で生まれ、幼少期の海外生活を経て、京都で青春時代を過ごし、やがて進学のため上京したのち、北海道の片田舎で起業しました。各地のさまざまな都市で暮らしてきた経験は代え難い財産ではありますが、どこにも故郷と呼べる場所がない、どこにも自分のアイデンティティを預けることができない感覚をずっと抱いてきました。

ある意味、そんな共同体の外側にいる異邦人・観光客としての視点が原点にあったからこそ、場の雰囲気や惰性に流されずに違和感を抱きつづけ、時代や土地の空気感を読み解きながら、新しいスタンダードを提案してこれたのかも知れません。確固たるアイデンティティの拠り所がない不安は、時に大きな物語に帰依したくなる誘惑へと駆り立てられるものですが、外の世界に理想郷を求めつづけている限り、期待と幻滅の無限回廊から抜け出すことはできません。そのかわりに、**小さな選択を積み重ねていくことこそが「私」の輪郭をつくり出す**のです。

今の世の中には、日常の中で小さな〝違和感〟を感じても、まあこんなものかと思ってやり過ごし、未来に期待することを諦める、漠然とした無力感が漂っています。自分が旅の主人公として何か新しいものを生み出せるという実感がなく、一部の天才や権力者に世界を託し、その他大勢は雑踏に紛れる人影のように、静かにゆるやかにリタイアしていくような社会になっている気がしています。

でも、ほんとに小さな選択の積み重ねで、あなたは他の誰でもない「私らしさ」を獲得することができ、唯一無二の個人として生きていくことができるのだ、とも思うのです。しっくりくる環境がない時に、世間との感覚の違いを嘆く必要も、諦める必要もない。自分自身の渇きと向き合い続けた果てに、同じ渇きを持っている人とつながれるかもしれない。そこから、市場が生まれて、事業が生まれて、ささやかなユートピアをつくることができるかもしれないのだ、と。

メインストリームに抗《あらが》い、徹底的に利己的に、日常のふとした瞬間に紛れ込んでくる違和感を丁寧にすくい上げ、いまだ世の中にない、自分が心から欲しいと思う選択肢を生み出していく。そんな自らの渇きを癒すための営みは、めぐりめぐって他の誰かの渇きを癒していくのだから。

荒涼とした砂漠に、小さな井戸を掘り、水が湧き、やがて草木が生え、オアシスとなり、人が集まり街となる。

旅の主人公はあなた自身だ。

退屈な日常がほんの少しきらめくような、世界を３ミリ面白くする事業をつくっていこう。

そんな小さな営みの繰り返しが、やがて静かに世界を潤していくと私は信じている。

人生の渇いた旅に潤いを――

あとがき

クリエイティブジャンプの命は儚い。

それが自社のあり方を変えるほどの力に満ち溢れていればいるほど、世の人々が知り、羨望するところとなり、やがてその轍《わだち》をたどる足跡は増えていく。クリエイティブジャンプは、コモディティ化との戦いともいえます。例えば、50年前にとある温泉旅館が生み出した「客室露天風呂」という画期的な発明は、今や日本全国津々浦々の宿泊施設に、ごく当たり前の顔をして鎮座していますから。

クリエイティブジャンプの力で新しい地平に立った時、それは、自ら切り拓いた道に雪崩れこむ、模倣と陳腐化の波に攫われないように、未来にわたって変わり続ける宿命を背負うことでもあるのかもしれません。でも私は、それでいいと思う。その淘汰圧に晒され続けながら、「変化を生み出し続ける生き方」を選ぶだけ。

〝誤読と誤配〟が文化を豊かにしていくというのなら、それがきっと世界を前に進める力となり、選択肢が多様性に満ち溢れている社会への近道となると信じています。

最後に、この書籍を執筆するにあたって、たくさんの方々の多大なるご協力とご支援をいただいたことに感謝いたします。文藝春秋の山本浩貴さんには、本書の構想段階から足かけ3年近くに渡り、息長く、そして辛抱強く、私の執筆に寄り添い、この本がより良いものとなるように多くの時間と労力を割いてくださいました。ライターの日比野恭三さんには、累計数十時間にも及ぶ私の膨大な語りを根気強く聞いていただき、書籍の骨子となる構成を作り上げてくださいました。デザイナーの古屋郁美さんは、本書のニュアンスを丁寧に汲みとりながら私たちの世代に刺さるデザインを仕上げてくださいました。文筆家の塩谷舞さんには、著書『ここじゃない世界に行きたかった』の担当編集の山本さんをご紹介いただいた他、初めての出版における相談事に的確なアドバイスをくださり、執筆を励ましていただきました。

また、HOTEL SHE, OSAKAを開業する前、当時21歳だった私にクリエイティブとはなんたるやを最初に教えてくださった電通・尾上永晃さんをはじめとする『アイデアの学校』講師陣のみなさん、博報堂・ボヴェ啓吾さん、アルゼンチンにスノボ旅行をする飛行機やバスの中でホテル経営について数々の貴重なアドバイスをくださった星野リゾート・星野佳路さん、多くの経験を積む機会を頂いた実業家の千葉功太郎さん、日頃から経営やクリエイティブについての知見を教えていただいているThe Breakthrough Company GO・三浦崇宏さん、本書の構成を考えるにあたり多くのインスピレーションの源となる議論をお聞かせいただいた、博報堂ケトル・嶋浩一郎さん、クリエイティブディレクター・古川裕也さん、マガジンハウス・西田善太さん、哲学者・谷川嘉浩さん、また、図の掲載許諾をいただいた古川健介さん、本書の壁打ちにお付き合いいただいたCHOCOLATE・栗林和明さん、arca・辻愛沙子さん、DE・牧野圭太さん、そして日頃からクリエイティブのインスピレーションを与えてくださっている深津貴之さん、原研哉さんにも、深く感謝の意をお伝え申し上げます。

そして、今日に至るまでともに会社を育て、ともに荒波を乗りこなしてきた仲間にも、この場を借りて感謝を申し上げます。HOTEL SHE, KYOTOの開業と同時に水星にジョインしていただき、多くの感動もハードシングスもともに経験し、今や会社全体を切り盛りしてくださっているばかりか、数々のクリエイティブジャンプの契機となる気づきを提供してくださった、取締役COOの大籠亮介さん、学生時代より私の会社経営をサポートし、本書の執筆においても多大なる知見をご提供いただいたCHILLNN共同創業者／代表取締役CEOの永田諒さん、数々のクリエイティブジャンプを共にした経験を基に、書籍の企画当初から総合的に支援していただき、執筆に行き詰まった深夜26時のLINE通話にも快く応じてくださった企画広報の金井塚悠生さん、長きに渡り水星のクリエイティブを支え、本書の企画にも携わってくれた編集者の角田貴広さん。

これまでの水星の事業をともにつくり、数々のクリエイティブジャンプをともに生み出してきてくださった水星メンバー各位、みなさんの存在があって初めて、私の数々の空想にすぎなかったことが実際に社会に根を張り、価値を紡いでいくものへと昇華したと感じています。

最後に、会社経営を心から応援してくれた両親に、改めて感謝を申し上げます。

２０２４年２月

龍崎翔子

クレジット一覧

P.2

『HOTEL SHE, KYOTO』イメージカット2点 - Photographer : 延原優樹

P.3

『HOTEL SHE, KYOTO』キービジュアル - Illustrator : Nao Tatsumi

『HOTEL SHE, OSAKA』エントランス - Photographer : IORI KAI

『HOTEL SHE, OSAKA』キービジュアル

- model : るうこ／Gunn's、Photographer : 延原優樹

P.4

『泊まれる演劇』イメージカット - Photographer : 延原優樹

『泊まれる演劇』キービジュアル - Illustrator : 大桃洋祐

『シ〜ラブズ湯』キービジュアル - model : 浪漫革命、Photographer : 金井塚悠生

『原稿執筆パック』キービジュアル - model : 山本奈衣瑠、Photographer : 延原優樹

P.5

『平成ラストサマー』- model : るうこ／Gunn's、Photographer : 延原優樹

『HOTEL cure』HOTEL cure by SIRUP

『詩のホテル』- Photographer : 延原優樹

P.6

『香林居』の蒸溜器、客室 - Photographer : Nishitani Kumi

P.7

『香林居』キービジュアル - Illustrator : Harriet Lee-Merrion、ロゴ・書筆 : 寺島響水

『香林居』の屋上、窓辺、九谷焼、桂花茶、台湾料理 - Photographer : Nishitani Kumi

『香林居』の外観 - Photogtapher : 河田弘樹

P.8

『CHILLNN』イメージカット - Photographer : 延原優樹

『CHOOSEBASE SHIBUYA（チューズベース シブヤ）』株式会社そごう・西武

『Petrichor（ペトリコール）』イメージカット - Photographer : 延原優樹

『HOTEL CAFUNE』の小物 - Photographer : Eichi Tano

『HOTEL CAFUNE』イメージカット - Photographer : 延原優樹

P.297

株式会社水星キービジュアル - Photographer : 大森めぐみ

龍崎翔子　りゅうざき・しょうこ

1996年生まれ。ホテルプロデューサー、株式会社水星代表取締役CEO。東京大学経済学部卒。 2015年、在学中に株式会社L&G グローバルビジネス（現・水星）を設立し、北海道・富良野でペンション運営を開始。その後、関西を中心に、ブティックホテル「HOTEL SHE,」シリーズを展開し、湯河原、層雲峡をはじめ全国各地で宿泊施設の開発・経営を行う。クリエイティブディレクションから運営まで手がける金沢のスモールラグジュアリーホテル『香林居』がGOOD DESIGN賞を受賞。ホテル予約プラットフォーム『CHILLNN』や産後ケアリゾート『HOTEL CAFUNE』など、従来の観光業の枠組みを超え、〈ホテル×クリエイティブ×テック〉の領域を横断し、独自の事業を展開する。

編集協力　日比野恭三
デザイン　古屋郁美

クリエイティブジャンプ
世界を3ミリ面白くする仕事術

2024年3月15日　第1刷発行

著　者　龍崎翔子《りゅうざきしょうこ》

発行者　小田慶郎

発行所　株式会社文藝春秋
東京都千代田区紀尾井町3-23
郵便番号　102-8008
電話　(03) 3265-1211（大代表）

ＤＴＰ　ディグ

印刷所
製本所　図書印刷

　ISBN978-4-16-391810-5　Printed in Japan